2
28
1947

二二八事件讀本

張亞中◎著

國家圖書館出版品預行編目（CIP）資料

二二八事件讀本 / 張亞中著. -- 初版. -- 臺
北市：孫文學校, 2019.01
面；　公分

ISBN 978-986-97019-6-9 (平裝)

1.二二八事件

733.2913　　　108000018

二二八事件讀本

作　　者／張亞中
出 版 者／孫文學校
發 行 人／張亞中
總 編 輯／閻富萍
地　　址／台北市萬芳路 60-19 號 6 樓
電　　話／(02)26647780
傳　　真／(02)26647633
E-mail／service@ycrc.com.tw
網　　址／www.ycrc.com.tw
ISBN／978-986-97019-6-9
初版一刷／2019 年 1 月
定　　價／新台幣 350 元

序／前言：重新理解二二八事件

一九四七年（民國三十六年）二月二十七日發生在台北的緝查私菸事件，引起全台性的暴亂，史稱二二八事件。二二八事件在兩蔣時期政策性地隱晦不談，時爲二二八事件歷史禁忌時期。後蔣經國時期到前李登輝時期，隨著解嚴，二二八非但不是禁忌，而且透過學者的呼籲、民代的力爭，行政院通過《二二八事件處理及賠償條例》，二二八事件的政府檔案也全部公開。

眞相原本在史料公布後應得以還原，亡者可安、生者可慰，但是這一時期卻不幸的訴諸悲情，在有意識形態學者及政治人物的官民聯合大操作之下，二二八事件登上了神壇，在台灣成爲必須被「政治正確」解讀的事件。

杜正勝在一九九七年的文章〈一個新史觀的誕生〉中，詮釋他主張的「同心圓史觀」爲「以台灣爲中心，一圈圈往外認識世界，認識歷史」，「由內到外，從鄉土史、台灣史、中國史、亞洲史到世界史，循序漸進」，並表示，「新史觀」要「擺脫大中國意識的籠罩，努力建立台灣的主體意識」，「不論台灣國或在台灣的中華民國，都是獨立的政治實體」[1]。從一九九七年迄至二〇一八年，無論杜正勝是不是教育部長，也無論是民進黨或國民黨執政，「同心圓史觀」始終是中學歷史課綱與教科書修訂的最高指導原則。一直到蔡英文上台後，乾脆把「中國史」也打碎，併入東亞史，這個「同心圓史觀」不再有中國這個圓，「台灣史、東亞史、世界史」成為台灣歷史敘事的脈絡。

台獨學者李筱峰明確地指出，從整個台獨運動史的觀點來看，二二八事件之前，早就有台獨運動，只是各有不同的主張、內涵和動機，但是二二八事件的發生，使得「台獨運動進入新的階段，而建立一個獨立的主權國家，才是現階段台灣獨立的意義」[2]。當然還有更激進的台獨者，刻意以「狗去豬來」為書名，來強化二二八事件所帶來的仇恨[3]。

在這個以「去中國化」為目的的歷史敘事中，二二八是一個關鍵的事件，也是新台獨運動的一個最佳切入點。近一、二十年來，有關二二八事件的敘事都在這個目的中逐漸演

1 杜正勝，〈一個新史觀的誕生〉，《當代》，第一二〇期，一九九七年八月號，後納入《新史學之路》，台北：三民書局，二〇〇四年。頁66-78。

2 李筱峰，〈二二八事件與台灣獨立運動〉，財團法人二二八事件紀念基金會，《二二八事件新史料學術論文集》，台北，民國九十二年，頁143。

3 蔡丁貴譯，《狗去豬來：二二八前夕美國情報檔案》，台北：前衛出版社，二〇〇九年。

變，從一個單純的警民衝突，演化為「大屠殺」、「官逼民反」，再來是將其詮釋為民國政府與國民黨「外來政權」的惡行，而最終上升到蔣介石是整個事件的「元凶」。

二二八事件中，陳儀政府未能防止事端發生，又未能及時化解衝突，當然要負最大的責任，但是事情是否如此單純？僅用政府迫害人民一語就可以完全解釋？

扭曲二二八史實者有不同的政治立場：一是早期經歷二二八事件或白色恐怖年代的中共地下黨人或老台共；一是在二二八事件後逃往海外，後來台灣實行土地改革，有些人就變賣保留土地及公司股票，移民至日本及美國，參加台獨運動；一是在台灣反對國民黨威權統治，或視民國政府為外來政權的一群人；一是受害者的關係人、「見證人」，以「口述歷史」、「回憶錄」、「訪談」方式來回顧過去。這些立場迥然不同的四種人，有一個共通的論點，即均以國民黨政權凶殘壓迫台灣人民為陳述的主軸。

從解嚴前，二二八事件的坊間論述就充滿著扭曲與謊言，由於政府避諱談此事，謊言也就越來越怪誕。「大屠殺」的數字從數萬到十多萬，外省軍人屠殺本省百姓的方式是從手掌或鼻中穿鐵線，然後集體丟入基隆河或高雄愛河。任何人聽到這些故事，絕對不會對當時的政府有任何好感。

當「大屠殺」的印象已經深植人心，以後所有的論述就方便往下推了。在價值認知上，我們認為即使一個人冤死都不應容許，並應還其公道，但是刻意誇大或謊言死亡人數來製造仇恨，卻是更為不道德。

為何會有上萬人或十餘萬人死亡之說？連清朝時期的林爽文事件、日本殖民時期的余清芳事件，現在都還找得到集體的埋葬地點，二二八事件如果眞的有上萬人死亡，為何卻連一處集體埋葬地點都找不到？國內外記者竟連一張照片都沒拍到？這些找不到屍體和戶口的死亡數字從何而來？

事後證明，這些上萬、數萬或十多萬死亡人數之說，若不是刻意造假、有心編撰，就是道聽塗說。由台灣納稅人出資金，由二二八家屬代表組成的「財團法人二二八事件紀念基金會」，截至二〇〇五年（民國九十四年）底認定：本省人死亡人數六八一人，失蹤人數一七七人，羈押判刑人數一三九五人，受難人數合計二二五三人。每位死亡或失蹤者的家屬可以領到六百萬元。雖然眞實的死亡數字已經大致出現，但是有關二二八事件的扭曲，誇大上萬死傷人數，仍舊是政治人物口中或網路上的「政治正確」。

而另一方面，對當時在二二八事件中死亡的數百名外省人，迄今為止，包括李登輝、陳水扁、馬英九、蔡英文在內所有的政府和二二八事件紀念基金會，從未主張過賠償。但是，一位日本人在基隆被政府軍隊誤傷後傷重死亡，卻可以獲得六百萬元的賠償。這是一種什麼樣的是非公義？這也是二二八事件帶給我們另一個重要的反思。

任何一個人無辜的死亡都是不幸。如果以二二八事件死亡人數的標準來看，日據時期被殘殺的台灣人遠遠超過這個數字。依據《警察沿革誌》日本官方檔案中的紀錄，日據時期，光是警察在台灣處死的人數就超過十六萬人，單一事件超過千人受難者比比皆是，被日本殖民政府徵召去當慰安婦的台籍婦女就有約一千二百人，可是迄今為止，沒有看到政府與那些二二八、台灣史學者有什麼大力譴責日本殖民政府暴行的言論文章，也沒有為日據時期受害的台灣人討回公道，還原他們的名譽，為他們立碑、建紀念館。這何嘗不也是二二八事件帶來的反思。台灣島上人們的核心價值信仰是什麼？「政治正確」眞的可以超越「是非黑白」嗎？

二二八事件應該可以理性討論、感性撫傷，但是當二二八事件已成為一個「政治正確」時，特別是一些學者、政客可以拿來做為打擊國民黨與民國政府為外來政權、欺壓台灣人、不正義的工具時，又豈會輕言放棄？

舉例來說，由財團法人二二八事件紀念基金會委託歷史學者張憲炎、黃秀政、陳儀深、陳翠蓮、李筱峰及何義麟等七人共同撰述，於民國九十五年（二〇〇六年）二月出版的《二二八事件責任歸屬研究報告》，就是一個為「政治正確」而服務的政治報告。

這份研究報告的結論是：蔣介石為二二八事件的「元凶」[4]。陳水扁親臨新書發表會，大力讚揚「眞相大白」。綠營及獨派人士立刻主張，要對國民黨提起訴訟，求償新台幣五十億元。《二二八事件責任歸屬研究報告》立論偏頗，可議之處不少，但是為了讓他們認定的「政治正確」成為「歷史正確」，二二八事件紀念基金會董事長薛化元曾特別拜會內政部部長，要求將該研究報告列為官方文件，俾便教科書得以引據。

二〇一八年二月二十八日，舉辦二二八事件七十一周年「中樞紀念儀式暨紀念活動」時，二二八事件紀念基金會董事長薛化元說，「二〇一八年是轉型正義元年」，基金會將配合蔡英文政策，盡速協助完成「二二八轉型正義報告」。

「二二八事件」、「轉型正義」、「政治正確」三者的關聯性是逐漸演化的。當二二八事件與「轉型正義」掛勾，成為一件必須有「政治正確」認識的事件時，所有的政治人物都不敢質疑其正確性與神聖性，二二八家屬或相關者在台灣也成為政治正確的身分證明。早在二〇一四年（民國一〇三年），擔任台北市長的柯文哲表示其祖父也被「羈押」過，所以他自稱是「羈押受難家屬」，在次年二月的二二八紀念活動上，跟著

4 張炎憲等，《二二八事件責任歸屬研究報告》，台北：二二八事件紀念基金會出版，二〇〇六年，頁475-477。

大哭一場。其實柯文哲的祖父是參加過日本皇民化登記的本省人，因爲曾登記爲「日本皇民」身分，二二八事件過後很久，被警察機關羈押訊問三天後飭回，經過七年才死於肺結核，跟二二八事件完全無關[5]。我們也看到馬英九不僅多次與受難家屬座談，並公開推崇李登輝、陳水扁對事件的平反與貢獻，公開表明國民黨對事件認錯的時間太晚，定期穿黑西裝、黑領帶去參與二二八紀念活動。馬英九是希望能夠撫慰二二八事件造成的社會裂痕，但也代表著馬英九向二二八事件所塑造的「事實」及所代表的政治符號完全屈服。

絕大部分的讀者與我一樣，從來沒有經歷過二二八，但是那一些人對二二八的記敘，的確影響了我們每一個人。還記得二〇一七年時，曾任立法委員的謝啓大女士親口告訴我，她以前從來不敢談二二八，因爲所接受到的資訊，完全是當時國民政府對台灣民衆的暴政大屠殺。而現在，在瞭解眞相後，她敢於與任何人討論二二八事件。謝啓大委員是一位剛直、有正義感的律師，她多年前都會有這種認識與感覺，何況你我？

另一位爲二二八事件研究投入全部心血的武之璋先生，他原來對二二八事件的認

---

5 蔡正元，《台灣島史記》，香港：中華書局，二〇一九年。出版中。

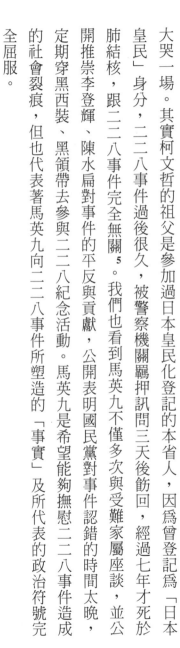

識是：「那時候我完全不相信國民黨的說法，一廂情願地相信台獨人士黨外的說法：二二八是國民黨腐敗造成的『官逼民反』、是國家大屠殺。」「到了李登輝時代，二二八資料大公開，有關二二八的書籍大量出版，首先令我驚訝的是，把二二八跟現實政治掛鉤，作為操弄族群的籌碼，所有二二八的論述，其文章或書籍總是公式化地歸結到如何追隨先烈繼續為台獨奮鬥。二二八是歷史事件，研究歷史豈能有現實的政治目的？」[6]這樣的質疑，促使武之璋在經商成功後，致力於研究二二八事件，並出版多本著作。

二〇一八年中，武之璋告訴筆者，他研究二二八事件多年，得出一個看法：「最壞的就是那些學者。」他說：一般人，包括政治人物與青年在內，都是透過書籍與媒體去瞭解事實的原貌，但是由於「那些學者們」刻意選擇史料，或曲解史料，使得一般人無法正確地認識二二八。

的確，太多人被誤導或被謊言所欺，因而不能正確地認識二二八事件，即使是我自己，如果讀了那些早期出版有關的書籍，只看那些學者們做的「研究報告」，也自然會有

6 武之璋，《二二八真相解密》，台北：風雲時代，二〇〇七年（民國九十六年），頁23。

偏見。以往政府在面對二二八事件是選擇噤聲，因而錯誤百出的文字謊言誇大陳述充斥坊間（請參考本書第二章「二二八事件的謊言有多離譜？」，第二○二頁），已經誤導年輕人。在史料已經公布後，學者們仍然依附在政治力量上，曲解史料，把原本已是悲劇的二二八事件無限上綱，製造仇恨，誤導青年跟進；有些政治人物為了自己的意識形態與政治利益，將二二八事件做為鬥爭工具使用。因此，我們在二二八事件中，看到的總是「要求道歉、要求賠償、要找元凶」，而看不到「呼籲慈悲、呼籲寬容、呼籲自省」。

二○一七年的二二八紀念研討會上，台大社會所的研究生林邑軒及吳駿盛，以新的人口統計方式，計算出二二八死亡人數在一三○四至一五一二人之間，當場即被受難家屬猛烈抨擊，李筱峰等學者也立刻表示不認同這個研究成果[7]。

不僅如此，早在二○一二年（民國一○一年）第八屆立委任期中，民進黨籍提案人陳其邁、李俊俋等十八位立法委員等人推動「否認二二八事件罪」，提出的「二二八事件及賠償條例第六條之一」修正案，要對「宣揚否決或粉飾二二八事件者、讚美或正當化二二八之專制統治者」，處五年以下有期徒刑[8]。

7《風傳媒》，《自由時報》（網路），二○一七年二月二十五日。

8〈立法院議案關係文書〉，民國一○一年三月一日印發院總第1582號，委員提案第12916號。

本書寫作的動機就是希望幫助讀者能夠認識二二八事件的原貌。由於二二八事件的資料都已全部公布了，本書不是以新發現的資料撰寫，而是將現有的資料做客觀與中性的整理，本書的定位並非「學術研究」，而是「基本讀本」，讓讀者能夠簡易地瞭解事件發生的經過與來龍去脈。

西方英美法系國家的法院有陪審制度，也就是讓人民在瞭解訴訟案件的原貌後能夠做出判決，而非交由法官所獨斷。社會是多元的，人也各有看法，對同樣的事情會有不同的解讀。本書希望讀者們能夠回到當時的時空，像個參加陪審團的一員，思考一下，假如您處在當時的情境，會如何處理，會如何反應。請不需以「高瞻遠矚」、「智慧過人」的態度看這段歷史，而是與當時那些人一樣，用「普通人」的立場來評斷這段歷史。

在本書還沒有開始前，先提供幾個情境供大家思考：

如果你是林江邁，就是二二八事件導火線中的那位女士，妳會因爲這件事而仇恨外省人嗎？讀者或許會有自己的選擇，但林女士的選擇是，把女兒嫁給了當時來台的外省籍軍人。在她心中，早已沒有省籍、壓迫者與被壓迫者的問題。

如果你是那六位緝菸的警員，因爲執行公務引發群衆暴動，就被送進憲兵隊看管，並以手銬腳鐐對待，群衆還要求立刻處死；其中一位原先還因爲執行公務，不幸傷人致死，在初審時被判死刑，後來改判十年，你會如何想？

如果你的家人是遠在桃園大溪國小教書的外省籍女教師，卻無辜地被本省籍暴民牽衆輪姦，徹夜裸體，幾乎凍死，你會如何想？如果你的家人是那位與本案一點關係也沒有，當時人在台中的專賣局科員劉青山，在被群衆圍毆成重傷，送往台中醫院治療後，仍被暴徒衝進醫院，割去耳、鼻後，又挖出雙眼，再予以猛擊而死，你會有什麼感覺？他們被害的原因只有一個，就是因爲他們是「外省人」。如果知道竟然沒有一個人爲劉青山事件受到法律制裁，又會如何想？不僅是劉青山一人，還有數百名的外省人在這次事件中遇害，但是因爲他們有的是來台的商務旅客，在台沒有親人，死了就死了，即使有名有姓的人，在幾十年後，仍然沒有人爲他們討公道，政府也沒有表示過哀悼。你覺得這樣的政府，不論是民進黨或國民黨政府，有資格講正義嗎？

事過境遷，幾十年後，如果你是現在的政府官員，你會否同意對當時保護外省人的本省人獎勵，以感謝他們在那個時間點，有勇氣救人的義行，給二二八事件添加些人性的善良與光輝？爲何政府從來不做？

如果你是當時的行政長官公署長官，當民衆已經號召起義，在全省發動攻擊，到處打殺破壞，你會如何處理？當有組織的團體，要求你解除全台各地政府軍武裝，交出武器，以方便他們接管政府，你會如何處理？

如果你是當時在高雄的要塞司令，在面對暴徒要求談判，並以槍脅迫你繳械時，你會如何處理？如果高雄已混亂，你若做爲當地的司令，會否立刻處理？

如果你是當時在南京的中央政府，當台灣局勢已經一片混亂，而當地長官要求你派兵平亂時，你會如何處理？

如果你是……如果你是……如果你是……

這些都是二二八事件中一些簡單的問題。人不是聖人，都會有情緒，都會有反應不一定得當的情形。「錯則要追責，對則要肯定」，這是一般老百姓會有的想法，不過，如果對於那些有心要利用二二八事件的人，反應的態度必然會完全不同。

二二八事件的性質是什麼？是伺機而起的暴動？是爲了改變政權的起義或革命？是爲了推動「高度自治」的政治改革？還是不分是非，將其簡化爲國家使用暴力對抗人民的事件？因而所有受害者均是無辜者，不論他們是在攻擊政府要地被擊斃，在軍隊與民兵武力衝突中而戰死，結合美國推動台獨、爲共產黨做地下工作，或純粹就是趁機暴動的暴徒，不論死亡原因爲何，均一律得到相同金額的「賠償」。請瞭解，是「賠」償而非「補」償。

政權不是不可推翻，但革命就是權力的較量。太平天國死亡的後人，大概不會想到要向清廷要求賠償或補償。如果革命沒有成功，黃花崗七十二烈士可能也不會被追諡爲烈士。目前已發現，獲賠償的二二八受難者名單中有至少三十餘名在北京西山中國共產黨的國家英雄碑上，被當做英雄烈士對待。如果只是爲了追求政治改革，爲何要攻打手無寸鐵的學校、毫無防備的醫療所？如果認爲政治改革的目的是爲了追求「高度自治」，那麼在肯定二二八受難者的義行時，是否以後也會對用武力追求「高度自治」的「一國兩制」的「暴民」也給予同樣的肯定？

二二八事件是「大屠殺」？是「官逼民反」？「蔣介石是元凶」？這些都是必須認眞思考、嚴肅客觀面對的問題。如果一些「謊言」只是爲了粉飾瑕疵，讓社會更爲和諧，我們不妨給予包容與體諒，但是如果謊言已成政治正確，爲特殊的政治意識形態與少數人而服務，造成社會的分歧或仇恨，我們就應還原其眞正原貌，讓社會瞭解事實的眞相，不讓謊言繼續傷害下一代。

筆者並不是當時的見證者，記述二二八事件也一定會有疏漏或不足之處，但是本書資料應已足夠供讀者研判了。讀者與筆者一樣，都是在同樣的文化圈裏長大的，從小受同樣的是非善惡對錯的價值教育，應有基本的判斷分析能力，應該很容易看出整個二二八事件的道理在哪裏，這是寫作本書最大的動機。請有特殊政治目的的政客、學者們不要再謊言、消費、利用二二八事件。讓台灣的社會不要再因二二八事件產生認同歧異，可以祥和相處，是出版本書最大的期盼。

本書要特別感謝蔡正元先生及武之璋先生在寫作過程中提供諮詢及資料，也感謝孫文學校師長、同學及朋友的鼓勵，使得本書得以完成。下一個重要工作，就是如何讓台灣社會重新理解二二八事件，讓其回歸到應有的歷史軌跡，理性看待、感性撫傷，和諧團結地迎向未來。

孫文學校總校長

張亞中 謹識

目錄

序：國人不可不知本國史 i
序曲 台灣光復 1
第一章 二二八事件的過程 9
第一節 查緝私菸引發抗議階段 10
第二節 本省人暴動殘殺外省人階段 15
第三節 民兵武力接管政府機關的政變階段 28
第四節 政府軍的平亂綏靖階段 112
第五節 恢復秩序階段 140

第二章　二二八事件爭議的問題　149
第一節　二二八事件是大屠殺？　150
第二節　二二八事件的外省人遭遇？　158
第三節　二二八事件是官逼民反？　168
第四節　二二八事件的元凶是蔣介石？　179
第五節　二二八事件的性質？　192
第六節　二二八事件的謊言有多離譜？　202

第三章　二二八事件因素的探討　227
第一節　經濟民不聊生？　228
第二節　外省人壟斷權位？　233
第三節　國民政府對台灣進行物資榨取？　235
第四節　長官公署貪污腐敗與苛政？　238
第五節　日產糾紛？　244

第六節　政治因素？　246
第七節　社會因素？　258
第八節　身分認同？　263
第九節　陳儀個人因素？　273
結語　請讓二二八事件走下神壇　281
參考書目　295

序曲

台灣光復

一九四三年（民國三十二年）十二月一日的《開羅宣言》，美國總統羅斯福、英國首相邱吉爾及蔣介石共同發表聲明稱：「三國之宗旨，在剝奪日本自一九一四年第一次世界大戰開始後在太平洋上所奪得或所占領之一切島嶼，在使日本所竊取於中國之領土，例如滿洲、台灣、澎湖群島等，歸還中國，其他日本以武力或貪慾所攫取之土地，亦務將日本驅逐出境。」這是二戰末期最重要的宣言，明確地表示，台灣應該歸還給中國。

一九四五年七月二十六日《波茨坦公告》中稱：「《開羅宣言》所宣示的條件，必將實施，而日本之主權，必將限於本州、北海道、九州、四國及吾人所決定之其他小島之內。」

八月十五日，日本昭和發布詔書宣布無條件投降。

這一天早上台灣日本殖民政府的《台灣新報》頭版報導：「因爲天皇陛下今日中午要親自廣播，所以全體國民必須敬候恭聽玉音，不得有人疏漏。」台北廣播電台也不斷重複播送同樣內容的報導。到中午「玉音放送」完畢，台灣的日本人陷入茫然若失的心境，從原本是高高在上的殖民統治者，突然間掉入不知命運的戰敗戰俘，許多台灣人民也擔心，是否因爲曾與日本人合作侵略中國和東南亞，而可能因侵略罪行受到處分。

民國三十四年（一九四五年）八月二十九日蔣介石任命陳儀（1883- 1950）爲台灣省行政長官（1945/8- 1947/5），九月一日南京民國政府宣布成立「台灣省行政長官公署」及「台灣省警備總司令部」，任命陳儀兼任警備總司令。

九月二日，日本昭和派代表日本政府的外相重光葵與代表軍方的日軍參謀總長梅津美治郎赴停泊於東京灣的美軍密蘇里艦，與同盟國軍方代表簽署《日本降伏文書》，《降伏書》是確認日本天皇、日本政府、日本軍隊都接受《波茨坦公告》的國際法文件，而不只是「單純的停戰協定」。要點內容包括：第一，日本向美、英、中、蘇等四國無條件投降；第二，日本接受且將誠實履行《波茨坦公告》；第三，日本主權將受制於盟軍「最高統帥」。

日本在《降伏書》中接受《波茨坦公告》，《波茨坦公告》接受《開羅宣言》，即日本接受在《開羅宣言》中，將台灣歸還中華民國的規定，而當時的中國即是中華民國。

十月十七日民國政府軍第七十軍由美國軍艦載運抵達基隆港，台北有市民夾道歡迎。十月二十五日在台北公會堂，即「中山堂」，舉行日本總督及第十方面軍的受降典禮。隨即舉行台灣光復宣達布告，陳儀代表中國政府宣布台灣及澎湖列島的領土主權復歸中國，以及台灣省行政長官公署正式運作。陳儀代表中國政府宣布：「從今天起，台灣及澎湖列島已正式重入中國版圖，所有一切土地、人民、政事皆已置於中華民國國民政府主權之下。」

精確來說，當八月十五日日本政府正式結束台灣的五十年殖民統治的這一天，台灣的主權已隨著《開羅宣言》與《波茨坦公告》自動實質轉移歸還給中國，九月二日日本代表遞交《降伏書》給中國代表時，也可以視之爲台灣的主權歸屬的正式書面轉移，十月二十五日則是中國政府正式在台灣行使治權的日子，處理「接收」及後續的治理工作。這三個時間點，均可以說是台灣光復的日子，只是目前是以十月二十五日做爲台灣光復節。

一九四六年一月十二日南京國民政府宣布《台灣同胞國籍回復令》，台灣人自一九四五年十月二十五日起，恢復中華民國國籍。一九四六年二月二十六日頒布《台灣人財產處理原則》，台灣人的財產和中國人一樣受到中華民國法令的保障，與可能被沒收的在台灣的日本人的財產有所不同。

台灣人以「台灣同胞」的身分，取得中國人的身分，一夜之間由戰敗國的被殖民屬民變成戰勝國的人民。原本支持或參與日本侵略中國和東南亞戰爭的一般台灣人，也在一夜之間免除戰爭共犯的可能刑事責任與道德譴責。在日本殖民時代棄祖背宗、更名改姓做日本皇民的台灣人，更在一夜之間免除被指控爲漢奸的政治處罰，這與南北韓的狀況有所不同。

一九四五年十月十七日民國政府軍第七十軍由美國軍艦載運抵達基隆港，國民政府接收台灣時，官兵的形象問題一直是爭議的焦點。一直以來，這個七十軍的部隊被描述爲「乞丐兵」或「叫化子兵」。彭明敏在回憶錄《自由的滋味》即寫到：「軍艦開入船塢，放下旋梯，勝利的中國軍隊，走下船來。第一個出現的，是個邋遢的傢伙，相貌舉止不像軍人，較像苦力，一根扁擔跨著肩頭，兩頭吊掛著的是雨傘、棉被、鍋子和杯子，搖擺走下來。其他相繼出現的，也是一樣，有的穿鞋子，有的沒有。大都連槍都沒有。他們似乎一點都不想維持秩序和紀律，推擠著下船，對於終能踏上穩固的地面，很感欣慰似的，但卻遲疑不敢面對整齊排列在兩邊、帥氣地向他們敬禮的日本軍隊。」[1]

吳濁流一九六八年發表的《無花果》小說裏面這樣描述：「我盡量站高身子去看，但那些軍人都背著雨傘，使我產生奇異的感覺。其中也有挑著鍋子、食器以及被褥的。

1 彭明敏，《自由的滋味——彭明敏回憶錄》，台北：前衛，一九九五年，頁63-65。

感到非常的奇怪，這就是陳軍長所屬的陸軍第七十軍嗎？」[2]

連左翼統派的戚嘉林也這麼記載：「十七日中午首批登陸基隆並旋抵台北的第七十軍國軍，士兵多穿草鞋、背著雨傘，甚至挑著鍋碗棉被，這與台灣人民習見的日軍軍容相異，也與台灣人民想像中贏得抗戰勝利的軍隊不同。……覺得國軍如乞丐。」[3]

在這些文字記載的影響之下，七十軍的「乞丐兵」形象深入人心。國民黨的學者專家將其解釋為當時中日戰爭，中國即使獲勝，但也是慘勝，以致兵疲物缺，因此希望後人能夠以包容與體諒的心境，來看待當時七十軍的「乞丐兵」形象的情形。獨派當然據此批評國軍，並將其視為當時台灣人對國軍的失望、緬懷日本人，引發二二八事件的原因之一。

可是從現有美國檔案中美軍所留下來的照片及影像所示，當時在港口的國軍官兵不僅列隊整齊，穿著與裝備也一樣不少[4]。這些執行接收台灣工作的士兵都是穿上新式軍

2吳濁流，《無花果》，台北：草根出版，一九九五年，頁147。
3戚嘉林，《台灣六十年》，台北：海峽學術出版，二〇〇九年，頁16。
4七十軍下港口的著軍裝照片可見，高雄史料集成編輯委員會編，《解密・國際檔案的二二八事件：海外檔案選譯》，新北市：遠足文化，高雄市歷史博物館，二〇一八年，頁94。武之璋，《二二八的真相與謊言》，台北：風雲時代，二〇一七年，頁356-358。

服，他們在抵台前也都接受過短期訓練，對台灣的風土民情與台語有初步瞭解。

由小見大，台灣歷史存在太多的積非成是與扭曲，眞相需要有更多認眞的研究與考證，這是還原歷史的嚴肅公共論述，可惜許多人只看政治與立場，未必關心歷史眞相，反而刻意曲解眞相。對七十軍的描繪與眞實如此大的差別，正反映出記憶想像與眞實影相有時會有相當大的不同，而二二八事件後續的記載也反映出了這個現象，迄今為止，二二八的眞相並沒有隨著資料的解密而水落石出，反而是個人當時記憶的回憶錄或訪談資料充斥，使得信者恆信，不信者恆不信，使得二二八的眞相與謊言交錯難分。

第一章

二二八事件的過程

第一節　查緝私菸引發抗議階段

二二八事件發生過程可分成五個階段：第一，查緝私菸引發抗議階段；第二，本省人暴動殘殺外省人階段；第三，民兵武力接管政府機關的政變階段；第四，政府軍的平亂綏靖階段；第五，恢復秩序階段[1]。

■二月二十七日晚上

一九四七年（民國三十六年）二月二十七日晚上七點半，台灣省專賣局台北分局六名查緝員傅學通（廣東人）、葉德耕（福建人）、盛鐵夫（浙江人）、鍾廷洲（江西人）、趙子健（安徽人）、劉超群（四川人）等六人，在台北市大稻埕查緝私菸，四十歲的林江邁行動最慢，無法順利逃跑，被沒收五十條香菸和現金。林江邁下跪哀求查緝

1 本章敘述二二八事件過程內的資料，在經過蔡正元先生同意後，多取自其大作《台灣島史記》，香港：中華書局，二〇一九年出版（出版中）及行政院研究二二八事件小組，《二二八事件研究報告》，台北，時報文化，一九九四年（民國八十三年），及一些相關的官方資料。

員至少歸還錢財及公菸，但查緝員堅持全部沒收。拉扯之間，引來越聚越多的群眾圍觀，並向查緝員投擲石塊，查緝員葉德耕情急之間以手槍柄敲擊林江邁，林江邁頭部頓時血流滿面，昏倒在地，圍觀民眾不滿查緝員欺侮女人和小孩，聚集包圍傅學通等人，一場台灣現代史上最重要的事件「二二八事件」因此引爆。

林江邁

林江邁是二二八事件的起火點，一九〇七年（民國前四年）生，出身貧苦，嫁給桃園龜山茶農地主林枝的兒子林客清。林枝在龜山丘陵地擁有大片土地，僱用佃農種植茶葉，並在台北市重慶北路經營茶行，外銷東南亞。林江邁生有三個兒子和一個遺腹女兒林明珠，林客清去世後，林枝安排林江邁到台北茶行幫忙。太平洋戰爭期間及戰後時期，茶行生意蕭條，林枝的茶行被迫關閉。林江邁就在台北市延平北路和南京西路附近天馬茶行一帶，擺攤販售香菸，主要是美國和中國大陸香菸。日本殖民時代香菸專賣，一般人無法批發零售，陳儀政府卻繼續維持專賣制度，又無法管制大陸和美國的走私香菸，最後查緝工作流爲欺負最末端的菸攤小販。

一九四七年（民國三十六年）林江邁帶著十二歲的兒子林文山和十歲的林明珠，

在街頭賣菸討生活，並租屋住在太原路圓環附近的小房間內。

二月二十七日晚上事件爆發後，林江邁被送至醫院，經過簡單治療，即帶著兩個小孩，瑟縮在小租房內。二月二十八日晚上，菸酒專賣局派人到租屋處「日新町二丁目九番地」，接林江邁去延平北路二段一號林外科醫院治療，住院到三月五日才出院。

二二八事件平息後，林江邁又回到台北住處，繼續賣菸，但改到日新國小圍牆外的樹蔭下擺攤。小女兒林明珠小學二年級就輟學，十四、五歲先去做家庭幫傭，再轉去菸酒專賣局的酒瓶清洗工廠做工。日新國小對面是陳誠、嚴家淦等人的安全警衛的特警隊部，有位山西籍隊員曾德順是陳誠的隨扈，常到林江邁的菸攤買菸，也常主動替林江邁扛收菸攤。林江邁爲感謝曾德順，就親自下廚準備一桌菜，宴請曾德順和其同事。曾德順因此認識林明珠，兩人不久結婚。在當時省籍隔閡，又是二二八事件當事人，兩人結合具有不平凡的時代意義。林江邁於一九七〇年（民國五十九年）八月十三日肝癌病逝於台北馬偕醫院，年六十三歲。

現場私菸販賣集團及圍觀群衆包圍查緝員，燒毀專賣局卡車，並持續以石塊棍棒攻擊，四名查緝員逃逸。傅學通逃到西寧北路永樂町時，開槍嚇阻圍堵群衆，卻擊傷在自家門口看熱鬧的年僅二十歲的陳文溪，致隔天傷重死亡。此地點離事發地點已超過五百公尺。隨後傳學通等人逃入永樂町警察派出所，轉送中山堂旁的警察總局。「群衆」六、七百人隨即包圍警察總局，要求交出傳學通等人，徹夜抗議未息。查緝私菸是小事，後續的暴動、政變、鎮壓，卻因這件小事而起。

陳文溪

陳文溪本人單純，是基督教長老教會所屬淡江中學的學生，但家世複雜，二哥陳木榮是鼎鼎大名「舊市場」的「角頭老大」級地痞流氓，領有徒眾上千人，陳文溪排行老四。「舊市場」即「歸綏市場」。包圍警察局的「群眾」主要就是陳木榮率同迪化街、江山樓風化區的地痞，加上附近遊民、寺廟信眾、水門挑夫、人力車伕等人群。

日據時期，台灣社會形成流氓浪人集團，一般俗稱「兄弟人」、「鱸鰻」，在各地都有分布，光復之初尤以台北最多、嘉義次之、屏東再次。光是台北市流氓浪人就有一萬餘人，其主要分布於太平町、萬華及士林地區。二二八事件初起，在各地攻擊官署、毆人燬物，甚至搶劫財物者，多以此類人爲主。

傅學通

傅學通在二二八事件中，因爲政府要平民怨，先是被法院判處死刑，後來才再被改判刑十年。

原先的判決書中，說其他被告因爲「且查私菸，既係執行公務，對於該女販自無私仇積怨可言」，而判無罪，但是卻認爲傅學通在被群眾用磚石追打逃跑之際，將子彈納入槍內，是「已有開槍之計劃與準備，甚爲明顯」，「傅學通故意殺人，葉得根假借職務上之權力，故意傷害人之身體，均屬罪無可赦，概如上述，而由於彼兩人之罪行，引起全省極大騷動，人民死傷以千百計，財務損失以億萬計，犯罪所生之損害重大殆無出其右者。……」因而判傅學通死刑。

如果還原事實看，即使傅學通開槍致使他人死亡，也是在心生恐懼之餘，沒有朝天開槍，也不能遽以判定被告有「故意殺人」之犯意，至多是「防衛過當」。在理由書中說其他被告者查私菸，既係執行公務，對於該女販自無私仇積怨可言」，而判無罪，但卻認爲傅的開槍是「難認爲無殺人之故意」，因而判死刑。另外，將二二八事件後發生的「人民死傷以千百計，財務損失以億萬計」，都算在傅學通頭上，而要判傳處死重刑。

直到五月十七日，台灣高等法院改判傅學通十年徒刑，葉德耕維持原判。二二八事件至此告一段落。

第二節　本省人暴動殘殺外省人階段

■二月二十八日

二月二十八日本省人開始大規模暴動，在台北市街頭到處殘殺外省人。當天早上《台灣新生報》刊載新聞斗大標題「查緝私菸肇禍，昨晚擊斃市民二名」，報導原文：

【本報訊】台灣省專賣局與警察大隊派赴市場查緝私售香菸之警員，今（二十七）日於迪化街開槍擊斃市民陳文溪，並在南京西路以槍筒毆傷菸販林江邁（女）……斯時圍觀之民眾擊毀該局卡車上之玻璃，並將該車推翻道旁……林江邁現已送入林外科醫院旋告斃命，陳文溪未被送至醫院時，即已斃命。

事實上林江邁並未死亡，但《台灣新生報》這則報導立刻點燃本省籍群衆的怒火，「專賣局」原本就是當時本省人憎惡陳儀政府的象徵，「專賣局」打死人的訊息，很快激發本省人集結在台北市街頭暴動。

上午九點即有江山樓地痞林秉足、莊傳生、陳戊己（三人都是太平町一帶的角頭），率隊敲擊大鼓亭，沿街敲鑼呼籲罷市、罷工，沿途高舉「打倒陳儀狗官」白布條，一路毆打外省人，攻占太平町一町目（今延平北路一段）的警察派出所，把黃姓所長打成重傷，沿街鳴鑼敲鼓號召罷市，且強迫市街商店關門，共同抗議陳儀政府。

專賣局業務委員會常務委員李炯支與業務會第四組組長楊子才聞報，上午九時許趕往現場處理。當時約有百餘民衆聚集，見二人卡車抵達，均趨前欲加毆打，李、楊乃轉至台北市警察局。群衆尾隨而至，並已聚集達六、七百人。李、楊兩人表示將會懲辦查緝員，惟群衆要求將肇事人交出。兩人不得已，會同北市警察局長陳松堅，將查緝員六人送往憲兵隊看管。但民衆仍不滿，要求立即將六名查緝員槍決。李、楊兩人以「刑罪罰惡，律有明文，未予擅便答覆」爲由，一再解釋，但始終未獲得諒解。

隨後，遊行民衆越聚越多，十時許，衝入位於本町（今重慶南路）之肇事單位專賣局台北分局，發現局內有緝菸警員。群衆以爲其中之一是昨夜之凶手，乃將他與另一警員圍毆致死，又毆傷四人，並將局裏所存之火柴、菸、酒及一輛汽車與七、八輛腳踏車拋至街上焚燒，至次日仍未全熄。分局長歐陽正宅也被毆重傷。當時圍觀民眾達二、三千人，憲警隨即趕到，但也知難而退。

上午十時半起，外省人的店鋪貨物被暴動的本省人搬出焚毀，開始有本省人發起街頭暴動抓捕、毆打、凌虐、強姦、殘殺外省人，到中午台北街頭到處橫臥外省人的屍體。有無法證實但廣泛被傳聞的恐怖消息，迅速在外省人間流傳，並躍登上海媒體，例如：台北市新公園十幾個外省人被打死，二十幾個外省人受傷。一名外省籍少婦攜帶五歲小孩上街，少婦遭群眾調戲凌辱，以刀割唇，裂至耳際，剝光衣物，毆打瀕死，綑綁手腳，拋入水溝，氣絕身亡。哭喊的小孩被本省人扭斷脖子，頓時氣絕。萬華車站附近，一名外省小孩被本省人捆起雙腳，頭下腳上，猛擊地面，腦漿四溢，棄屍路旁。台北橋附近，兩名外省小學生被本省人捉住，將兩人頭殼互撞，頭破死亡。

上午十一時，本省人攻擊羅斯福路的台灣省專賣局總局，因有憲警戒備，群眾轉而攻擊卸任局長任維鈞的宿舍，打死宿舍工友三人，繼而搗毀新任局長陳鶴聲宿舍。

上午十一時左右，民眾代表五人赴公署，向參謀長柯遠芬請願，提出五項要求。柯氏允諾，但並未能遏止群眾抗爭情緒。

下午一時許，數千名本省人集結於陳儀的行政長官公署，攜帶簡單武器衝撞公署辦公室，強奪衛兵槍械，與衛兵爆發衝突，打傷一名衛兵，衛兵開槍掃射，造成群眾一人死亡，十名群眾受傷。

暴動的本省人轉而湧向各交通路口、公共場所、旅館商店，看到外省人不分男女老幼，一律毆打，拳腳相向，棍棒交加，汽車、卡車上的外省人被拖下打死或重傷，車輛遭縱火焚毀，有外省人在車上被活活燒死。衝進外省人住宿的旅社如正華旅社及外省人開設的商店如虎標永安堂，燒殺、凌虐、強姦無辜的外省人。同時占領台灣廣播電台，向全省廣播呼籲發起全面罷工、罷市、罷課、暴動攻占政府機關。

暴動的本省人先從外觀裝扮辨認外省人，再從說閩南語的口音辨認，最後更從是否會唱日本軍歌去驗證外省人，通不過檢驗的外省人立遭毆打凌辱。

下午二時，《台灣新生報》加刊發行號外，報導當天上午九點多時，民眾搗毀太平町一丁目派出所，並毆斃專賣局台北分局二名職員的新聞：「約有四、五百人趨向長官公署，而衛兵舉鎗阻止群眾前進，旋聞鎗聲卜卜，計約二十餘響，驅散民眾，其後據一般民眾說，市民即死二人，傷數人。」

下午三點，警備總司令部鑒於情勢危急，宣布戒嚴，並遣派武裝軍警巡邏市區，且開槍掃射。然而，民衆仍再包圍專賣總局、鐵路警察署、交通局等，而與軍警發生衝突，有民衆、學生因而喪生。據警總「通報」，下午時刻，群衆千餘人在郵政總局聚會，軍警驅逐不散，乃發生衝突，民衆傷亡十數人。

此外，民衆也遷怒外省人，濫施報復。本町正華旅社與虎標永安堂首先遭殃，不但門窗玻璃被搗碎，物品亦被搬出焚毀。下午五時許，榮町貿易局所開設之新台公司（台北最大的百貨公司）亦被搗毀，貨物被搬出焚燒，有乘機偷竊者則遭毒打。民衆凡據有汽車、卡車，均叫下乘客毒打，再將車推至台北車站、圓環夜市附近，予以燒毀。據估計，被燒車輛約有十餘輛。

民衆不僅毀物，也對外省人不分青紅皀白地屈辱毆打。在本町、台北車站、台北公園、榮町、永樂町、太平町、萬華等地，均有不少外省人無端挨打。新竹縣長朱文伯與台北市地政局長遭羞辱或痛毆。據聞，外省人被打死者至少有十五人，有些被木棍打成癱瘓。

下午三時，台北市各個學校的學生全部罷課，各機關的本省人員工大部分罷工，各機關的外省人到處遭本省人追打。從外縣市乘車剛抵達台北市的外省人，一下車即遭本省人毒打。台北車站和萬華車站四處躺著被本省人打死的外省旅客屍體。有無法證實的傳聞在媒體記者間流傳：太平町附近，有位開設旅館的外省籍孕婦，被本省人剝光衣物，裸體示衆，孕婦堅拒遊街，被本省人以日本軍刀斬殺，孕婦和胎兒均遭劈成兩半。台灣銀行一位外省籍職員離開辦公室，即被本省人用棍棒打死。同時間，一對路過的外省籍年輕夫妻，遭棍棒齊揮，打得血肉模糊。

下午三時許，陳儀經由警備總司令部發布《緊急戒嚴令》，派遣武裝軍警掃蕩暴動中的台北市區，射殺或逮捕暴動群衆，但成效有限。部分暴動民衆攻占各處派出所，奪取槍械，和軍警爆發零星槍戰。

但此時本省人的暴動已經延燒全台灣，外省籍官員紛紛逃逸無蹤，一般外省人四處橫屍街頭。新竹縣長朱文伯剛好人在台北出公差，遭毆打重傷。他逃至附近商店求救，商店閉門堅拒，適巧本省人吳深潭、林剛朗路過營救，躲藏吳家四天，倖免一死。

下午五點，暴動群衆四處焚燒房屋，當時台北最大的新台百貨公司亦被搗毀，貨品被搬出焚燒，外省人的商店房屋更不能倖免，到了夜晚，台北街頭幾乎變死城，台北市也突然成了外省人的地獄。「二二八」根本就是一般外省人的受難日。

陳儀電告蔣介石：「二月二十七日奸匪勾結流氓，乘專賣局查禁私菸，聚衆暴動，特於二月二十八日宣布臨時戒嚴。」

下午六時，《台灣新生報》刊發兩份號外，第一份號外報導：「二二七緝菸案引起民眾公憤，向有關當局提出要求五項：一、當眾槍決肇禍凶手；二、專賣局負擔死者治喪費與撫恤金；三、保證不再發生此類不幸事件；四、專賣局長親自與民眾代表談話並當面道歉；五、當局立即免職專賣局主管。」

第二份號外報導：「台北市參議會下午二時召開緊急會議，提出六項決議：一、立即解除戒嚴令；二、依法嚴懲凶手；三、撫卹死傷者；四、由台北市參議會、台北市籍的省參議員、參政員、國民大會代表組成本案調查委員會；五、在市內取締私菸不准帶槍；六、因此案被捕的市民應即開釋。」報導提及「陳儀全部接受」，卻無報導提及如何處理暴動殺害外省人的本省籍暴徒。

當晚七點半，參謀長柯遠芬、省參議會議長黃朝琴、市參議會議長周延壽、國大代表謝娥對市民廣播，希望民眾遵守秩序。其中，謝娥在廣播中聲稱公署兵未開槍，而是民眾推擠，互相踐踏，以致若干人受輕傷；又說林江邁只受輕傷，非槍打的。由於她所說的與民眾所理解的差距太大，以致次日其所開設之醫院慘遭報復而被搗毀。

台灣省參議會與各縣市參議會

台灣省參議會，成立於一九四六年（民國三十五年）五月一日，廢止於民國四十年十二月，會址位於台北市南海路、泉州街口的原台灣教育會館。該參議會為台灣省議會的前身，也是戰後初期台灣省最高民意機構。

依據民國三十四年修訂後的《省參議員選舉條例》的規定，省參議員以間接選舉方式產生，係由各縣市參議會參議員擔任選舉人。原規定每縣市僅能選舉一人，經台灣省行政長官公署呈報國民政府核准後，乃依人口數調整之。民國三十五年四月十五日，全省十七縣市共選出第一屆省參議員三十名，加上後來中央遴選的省參議員六名，及增選的山地籍省參議員一名，合計法定名額三十七名。

依據《台灣省各級民意機關成立方案》，民國三十五年初首先成立村里民大會，並以間接選舉型態，由村里民大會選舉鄉鎮縣轄市區民代表，組成鄉鎮縣轄市區民代表會。再由鄉鎮縣轄市區民代表會及職業團體，選舉縣市參議員，分別成立縣市參議會。復由各縣市參議會選舉省參議員，組成省參議會。

戰後第一次選舉，台灣菁英對參與政治甚為積極，甚而可說有「狂熱」現象。例如民國三十五年四月選舉省參議員之事來看，當時應選名額僅三十名，然而全台登記參選省參議員的候選名額，竟高達一一八〇人之多。其中，以台南縣爲例，應選名額僅有四名，但候選人卻有四八一人[2]。

黃朝琴

黃朝琴（1897-1972），出生於台灣嘉義縣鹽水港（今台南市鹽水區），曾祖由福建南安渡台，自祖父開始經營製糖事業，奠定家族經濟基礎，爲台南地方望族。早年留學日本期間，參加抗日運動，鼓吹民族思想；並負笈美國，研究國際公法，學成後赴中華民國，任職外交部。戰後，歷任省議長、中國國民黨中央委員等職，主持台灣省議會近二十年，爲省議會員工口中的「老議長」。爲台灣一九五〇年代「半山」派的政治人物代表。與連震東、黃國書、林頂立等人都是台灣的「半山」政治人物。

2 張炎憲等，《二二八事件責任歸屬研究報告》，台北市，二二八事件紀念基金會出版，二〇〇六年，頁77。

在後來由二二八事件紀念基金會出版的《二二八事件責任歸屬研究報告》結論部分，也把「半山」列爲是要爲二二八事件負責任的次要凶手之一[3]。

柯遠芬

柯遠芬（1908-1996），廣東省梅州市梅縣客家人。黃埔四期生，早年在福建省保安處當參謀長。爆發二二八事件時，任台灣省警備總部參謀長。《二二八研究報告》中指出，白崇禧說：「柯遠芬急於建功，在綏靖清鄉會議上曾說：『寧可枉殺九十九個，祇要殺死一個眞的就可以。』」不過，在當時擔任警備總部總代承辦處長的徐一飛將軍事後所撰的〈一個可悲可恥的二二八〉一文中，卻表示：「政院報告書說是白部長講的，我在白部長八次廣播演說，就沒有找到這兩句話」。「柯氏當時不過是一個幕僚長，有個什麼罪責可負呢？」[4]

3 張炎憲等，《二二八事件責任歸屬研究報告》，頁，482-483。
4 徐一飛，〈一個可悲可恥的二二八〉，引自武之璋，《二二八的真相與謊言》，台北：風雲時代出版，二〇一七年，頁47-63。

柯遠芬在自己的口述歷史中是這樣說的：「二月二十八日示威遊行隊伍行至專賣局時，我曾派王民寧到場勸導群眾，他回來報告說，群龍無首不容易解決，加上陳長官原不同意軍事介入，所以我就不便再理會遊行之事。……當陳儀下令台北局部戒嚴時，我乃指示情報機構（警總調查室陳達元少將、憲兵第四團長張慕陶及軍統林頂立），自即日起動員偵察事變爲首分子並嚴密監視。偵察結果都有紀錄送至警備總部，隨時向陳儀呈報，再由陳儀下達指示。……陳儀原本希望事件能和平解決，所以一再期待和容忍「事件處理委員會」，能提出具體方案且從中斡旋處理，…而我（警總參謀長）只是一介幕僚，徒有建議權，並沒有執行權，事件發生後的十天，每個晚上都躺在辦公室沙發椅上過夜。」[5]

不過，不論眞實是如何，柯遠芬在二二八事件的主流敘事中已經被描繪成一個主張「寧可錯殺一萬，也不放過萬一」的血腥人物了。

5 柯遠芬，〈柯遠芬先生口述回憶〉，出自國史館台灣文獻館，《二二八事件文獻補錄》，南投：台灣省文獻委員會，一九九一年。

周延壽

周延壽（1900-?）台北市人，京都大學法律系畢業，執業律師，擔任台北市律師公會副會長，日據時期一九三九年當選台北市議員，同時擔任台灣商工、開南商校、開南工校等校校長，一九四六年（民國三十五年）當選台北市參議會議長。一九四七年出任「二二八事件處理委員會」主席，被視爲「中間派」領袖。

下午七時許，台北市的本省人已打死外省人一百多人，打傷外省人九百多人。雖有陳儀政府的戒嚴令，但陳儀手下的軍警數量不足，本省人仍可群聚中山公園舉行群衆大會。

下午八時，陳儀調集台北市所有軍警憲一千多人，警戒各重要機關，但兵力單薄，無法控制整個台北市，本省群衆依然四處聚集。晚上十時，暴動的本省人再度攻占公園路的台灣廣播電台，號召全台各地驅逐外省人。

暴動的本省人口中講打倒貪官污吏的外省人，但在二二八當天本省人殺害及強姦的外省人，都是一些來台經商、旅遊的外省人，及最沒有防護能力的外省籍教師。這些外省人被殘害的事實，卻成爲後來二二八論述者所刻意不選擇的記憶。持台獨立場的歷史學者，常故意忽略這一段本省人暴動殘殺外省人的歷史，有的還編造情節說這些殘殺外省人的情事不多，甚或揑造故事說是陳儀找本省籍流氓殺外省人，嫁禍給本省人。這只是持台獨立場的歷史學者要神聖化二二八事件，無辜化本省籍暴動民衆，刻意剪裁歷史事實，扭曲歷史眞相，本質上就是造假說謊。

唐賢龍的《台灣事變內幕記》當時有段記載：「從二月二十八日上午十時半，台灣民衆開始毆打外省人起，直打到下午七點多鐘時，打風才稍稍平息。因爲那時有的外省人被打死的已經打死，被打傷的已經打傷，幸而未被打到的外省人，都一個個的蟄伏在自己的家裏，或躲在台灣朋友的家裏不敢出來。據估計：就在二十八日這一天，外省人被打死的，便有一百多人，打傷的共九百多人。故在這一天內，台北城每一個角落裏，差不多到處都橫臥著外省人的屍體，到處都流濺著外省人的鮮血。——『阿山阿山』，幾乎已經成了台灣人洩憤的口語。是以入晚以後，台北便變成了一座恐怖的死城。」[6]

6 唐賢龍，《台灣事變內幕記》，台北：時英出版，二〇一六年，頁370-372。

第三節　民兵武力接管政府機關的政變階段

自三月一日至八日全台各地陷入無政府狀態。在此權力眞空時刻，各種政治勢力、社會勢力起而爭奪政權，是理所當然的歷史軌道。有的勢力組織暴動群衆爲民兵，有的勢力利用群衆暴動做開路先鋒，有的勢力以恢復秩序做號召取得權力，但都以「二二八事件處理委員會」作爲合法性的依據，直接或間接以民兵武力推翻各縣市政府，接管各重要機關，成爲實質發動政變的地方政權。爭奪政權沒有是非對錯，只有成王敗寇的歷史規律，在這段很短的期間內，赤裸裸地呈現。民兵爭奪政權，政府軍鎭壓政變，在政治秩序解體的社會，並非意外的發展，這時各爲其主，沒有對錯，只有輸贏。

三月一日

早上六點，台北市參與暴動的本省人到處挪拿武器，與巡守重要機關、街道的戒嚴軍警爆發零星衝突，互有傷亡。軍警巡守不及的街道，外省人幾乎絕跡，許多外省人家中遭本省人侵入恐嚇勒索，台北市處於無政府狀態。

上午九時，台北市北門附近的鐵道管理委員會和鐵路警察局遭暴動的本省籍群衆千餘人包圍攻擊，要求鐵路警察繳械。本省籍員警將槍械交付暴動群衆，外省籍職員逃亡，躲入附近的美國領事館。美國領事館報告上午有十一名、下午有十五名外省人，逃入尋求保護，另有七名翻牆尋求庇護。僵持衝突中，外省籍警察開槍射擊包圍攻擊鐵路警察局和鐵道管理委員會的本省人。同時間，台北市警察局和警察大隊的台籍員警脫離崗位，向暴動群衆繳交槍械彈藥。火車全線停駛。

上午九時許，南部本省人也暴動，開始攻擊政府機關、毆打外省人、搶劫外省人。桃竹苗本省客籍群衆也對外省人展開攻擊、搶劫、毆打，但無死亡人數的報導。

台北市參議會爲反映民意，邀請台籍國大代表、省參議員、國民參政員，於上午十時在中山堂召開大會，成立「緝菸血案調查委員會」，會中決議，推派台灣省參議會議長黃朝琴、台北市參議會議長周延壽、台灣省參議員王添灯、國民參政員林忠等爲代表，晉見長官，提出數項要求，包括：解除戒嚴令、釋放被捕市民、軍警不許開槍、官民共組處理委員會，並由陳儀向全省廣播。陳儀全予接受。與會代表並認爲應定名爲「二二八事件處理委員會」較妥，陳儀同意。從此「緝菸血案調查委員會」擴大職權爲「二二八事件處理委員會」，後來組織「常務委員會」、「主席團」、「處理局」、

「政務局」等機關，並以「處理局治安組」名義組織民兵，成爲全台各地指揮暴動、爭奪政權、接管政府機關的領導機構。

上午十一時，前台灣共產黨領袖謝雪紅等人號召群衆在台中車站召開「民衆起義大會」，謝雪紅隨後率暴動群衆、台籍日本兵，攻擊警察宿舍。

台中、彰化的縣市參議員也在台中開會，推舉林連宗赴台北聯絡「武裝起義」事宜。謝雪紅下令暴動的本省人不得殺害非公務員的一般外省人。

中午十二時，台灣省警備總司令部參謀長柯遠芬晉見總司令陳儀，建議調動軍隊赴全台各地鎮壓暴動的本省人，陳儀拒絕。陳儀政府的外省籍高級官員及眷屬紛紛搬入行政長官公署，由陳儀僅有的軍警衛隊保護著。

下午一時，台北縣汐止附近，一部運兵車遭武裝民兵截擊，率隊軍官死亡，士兵多人受傷。

下午三時，位於台北市北門的鐵道管理委員會和鐵路警察局終被暴動的本省人攻陷接管。

下午五時，陳儀第一次對「二二八事件」廣播。主要內容是：一、誤傷人命之查緝員已交法院審辦，一死（二十萬元）一傷者（五萬元）已優予撫卹（死者陳文溪，傷者林江邁）；二、自午夜十二時解除戒嚴，但集會遊行暫時停止，不准罷工、罷市、毆人等事件發生；三、暴動被捕者可交保釋放；四、准許參議員派代表與政府合組委員會，處理暴動事件。陳儀並派民政處長周一鶚、警務處長胡福相、農林處長趙連芳、工礦處長包可永、交通處長任顯群，代表公署參加處委會。

本省籍的國民大會代表謝娥、李連春也發表廣播，希望平息暴動，隨後謝娥診所、李連春住處卻遭本省籍暴動民衆搗毀。

蔣介石在三月一日的日記如此記載：「台灣群衆爲反對紙菸專賣等起而仇殺內地各省之同胞，其暴動地區已漸擴大，以軍隊調離台灣，是亦一重要原因也。」蔣介石這時認爲暴動擴大的重要原因是「軍隊調離台灣」，致使防衛力量不足。

回顧一九四六年十月二十五日蔣介石來台參加台灣光復一週年典禮時，因爲國共內戰吃緊，就問陳儀可否把台灣的駐軍調回大陸參加國共內戰，陳儀回答可以全部調走。蔣介石調走林雲儔的七十二軍，改派劉雨卿的整編二十一師一個獨立團駐紮台灣。

下午八時，陳儀下令解除戒嚴，禁止全省軍警開槍，晚上十二時解除台北地區的戒嚴，並通知台北市參議會辦理撫恤事宜。陳儀顯然有平息血案之意。

晚上起，台北開往高雄、基隆的火車卻一律停駛。

財政處長嚴家淦適巧在台中參加彰化銀行成立大會，遭本省籍暴動民眾追打受傷，逃入林獻堂家中，躲藏在霧峰林宅的景薰居，再由林獻堂協助嚴家淦喬裝，搭貨車送回台北，才躲過一劫。

台灣電力公司機電處長孫運璿遭本省籍暴動民眾圍困，變裝成修電工人，經由蔡姓科長協助逃過一劫。

嚴家淦後來於蔣介石去世後接任台北民國政府的總統，孫運璿後來出任行政院長，兩人是台灣財政經濟大幅發展的重要貢獻者。

第二次世界大戰後尚未遣返而留居在台灣的日本人，一改低調姿態，穿著和服，上街飲酒作樂，興奮慶祝本省人暴動成功。

晚間十一時，原住民湯守仁率鄒族原住民攜帶武器下山，參加嘉義二二八民兵武鬥行列。

湯守仁

湯守仁（1924-1954），本名是優路拿那，阿里山鄒族人，日據時期高砂義勇隊的著名人士。曾被日本殖民政府徵調至中國華南地區的戰俘收容所擔任警衛，即常被歐美人士視爲惡名昭彰的「福爾摩沙警衛」（Formosa Guard），因表現突出優異，獲得日本人賞識，被保送至日本士官學校受訓，升任少尉，成爲日本關東軍軍官。一九四五年八月蘇俄軍隊進攻中國東北，日本關東軍不堪一擊，湯守仁遭俘虜。蘇俄軍隊發現湯守仁不是日本人，依中國政府請求釋放回台灣。

二二八事件時，湯守仁率鄒族民兵攻占嘉義紅毛埤軍械庫，奪取槍彈，包圍嘉義水上機場的政府軍。二二八事件後，湯守仁未被南京國民政府追究。一九四九年湯守仁參加中國共產黨山地委員會書記簡吉（1903-1951）組織的「蓬萊族解放委員會」，一九五二年（民國四十一年）被台北民國政府逮捕，一九五四年被判叛亂罪槍決。

陳儀部下對陳在二二八事件初期處理態度的批評

陳儀對二二八事件代表的再三忍讓，陳儀的部下多不苟同，雖然檔案中找不到當時反對陳儀的記錄，但是從柯遠芬、張慕陶的作爲看來，他們對陳儀的處處忍讓不以爲然[7]。

7 武之璋，《二二八的真相與謊言》，頁79-81。柯遠芬，〈二二八事變之真相〉，中央研究院近代史研究所，《二二八事件資料選輯（一）》，台北：一九九二年，頁34。

此時事變完全變質，且愈演愈爲複雜，軍事已奉命不准介入事變，……一、由於陳長官處事光明坦蕩，又於接收時處處爲台灣同胞謀利益，以爲台灣同胞必能深明大義、擁護政府，沒有變生肘腋的預防，所以在中央徵調駐台國軍全部返回大陸參戰時，毅然同意，造成當時台灣無一兵一卒戰列部隊駐守，竟爲政治野心分子所乘。

二、由於坐待「和平解決」決策之錯誤：當「事變」之初，問題比較單純，牽涉不大，應以純治安事件，及時疏導，斷然處置，不使釀成事端，無所謂「和平解決」。蓋「寬大處理」絕對正確，有限度之循「和平」途徑尋求解決，亦無不可。乃不此之圖，遷延因循，貽誤事機；而忽略台灣之民性偏狹強悍。……

或謂當時之「和平解決」決策，係緩兵之計；但稽考電報中央之檔案，並無請求派兵增援之事實。甚至將電稿中「缺乏兵力」字句刪除；以及嚴令制止高雄要塞之斷然平亂等證之；足見並非「緩兵之計」，乃怯弱無能，坐視事態惡民……冒然猛，固不可，一味寬，也易僨事。

由於准許成立「處理委員會」之錯誤：當「事變」之初，本係一單純之局部性事件，乃竟准許官民共同組成一個委員會，「負責處理」暴亂事件。當時決策者之用心，或在「緩衝」，或在表示「公正」；但忽略此一決策，已使純治安事件轉變爲嚴重之政治性事件；遂令若干別具用心者得廁身其間。其他非法組織與潛伏之共黨分子亦相繼介入，使群龍無首之社會盲目騷動，演變爲「有組織」、「有領導」之全面策動；實無異將政權拱手讓人，使暴徒膽敢接管各縣市政府，公然行使政權。此誠韓非子所謂：「以寬緩之政，治急世之民；猶無轡策，而御悍馬。」且尤過之。

三、……損傷政府威信，事變發生以後，陳長官感於無力維持，未能堅持立場，顧全政府威信：甚至不惜自壞體制，派遣民政處長周一鶚、工礦處長包可永、農林處長趙連芬三人，會同民眾團體，組織「處理委員會」，以維持治安，此種組織，本屬於法無據，且有類於無政府狀態時治安。

從以上的資料可見，陳儀的重要部屬對陳步步退讓的做法多不以爲然，外界也有人認爲陳的步步退讓是二二八事件釀成大禍的主要原因。那麼假如陳儀一開始就對民眾代表用強硬態度，一切依法處理，依法審判肇事公務人員，依法緝捕打殺外省人的暴徒，並不接受任何民眾代表之要脅，不准成立「處委會」，二二八事件是否會繼續惡化？這牽涉到民眾是否認爲台灣已經是民不聊生、政府惡劣、百姓非反不可的地步。

三月二日

清晨，台北市主要街道的牆壁貼滿標語，署名「台灣民主同盟」、「台灣憂鄉青年團台北支部」、「台灣自治青年同盟」，號召本省民衆暴動起義。

上午九時，「台灣省政治建設協會」的常務理事蔣渭川和數位「二二八事件處理委員會」代表晤見陳儀，要求擴大「處理委員會」的成員，除政府官員、參議員、參政員外，應納入「各界代表」，陳儀同意。「二二八事件處理委員會」從此變質，不再僅限於「處理血案」。

蔣渭川

蔣渭川（1896-1975），宜蘭人，蔣渭水的弟弟，宜蘭公學校畢業，經營書店，日據時期一九三九年當選台北市議員。民國三十四年（一九四五年）加入國民黨，與呂伯雄、張邦傑、王萬得、顏欽賢組織「台灣省政治建設協會」，這個團體原本被陳儀視為友好團體，但後來卻成為各地領導二二八事件的有力機構。蔣渭川是「二二八事件處理委員會」「溫和派」的領導人，與王添灯是對手，但仍然遭陳儀追捕，後來幸運逃脱，陳儀被撤換後，出任省參議員，後任內政部次長。

台灣省政治建設協會

台灣省政治建設協會是一九四六年（民國三十五年）一月六日成立的「台灣民眾協會」，於四月七日改名的政治性組織，成員主要是蔣渭川的胞兄蔣渭水在日據時期一九二七年創立的「台灣民眾黨」的黨員，加上第二次世界大戰前在大陸成立「台灣革命同盟會」的成員。「台灣省政治建設協會」當時被視爲準政黨，但幹部都加入國民黨。

暴民包圍前台中縣長劉存忠住宅，想用汽油焚燒劉宅，事爲謝雪紅阻止，謝雪紅將劉前市長及其部屬繳械、軟禁警察局內，現任市長黃克立逃亡，台中開始動亂。

謝雪紅

謝雪紅（1901-1970），彰化人，原名謝阿女，十二歲時父母雙亡，賣身給台中洪姓人家做童養媳，籌措父母喪葬費。一九一七年逃離洪家到台南糖廠做女工，後來嫁給台中大地主張樹敏爲妾。一九一九年兩人共赴日本，謝雪紅趁機學習日文及中文。一九二一年返台不久即參加台灣文化協會。一九二四年與林木順同居，一九二五年赴上海，被林木順的友人中國共產黨員黃中美吸收。在國共合作的背景下，參加中國國民黨，也參加中國共產黨的共產主義青年團，並寄住在國民黨浙江省黨部。一九二六年十月黃中美宣布謝雪紅爲中國共產黨員，並安排前往莫斯科東方大學就讀，同年底轉學至新創立的莫斯科中山大學，與蔣經國同學，但謝雪紅年齡比蔣經國大九歲。

一九二七年謝雪紅奉命回中國籌建台灣共產黨，並回台發展共黨組織及婦女團體，並深入農民組合。一九二八年謝雪紅、莊春火、林日高成爲台灣共產黨的中央委員。一九三〇年莊春火、林日高脱黨，謝雪紅成爲台灣共產黨唯一領導人。一九三一年日本殖民政府瓦解台灣共產黨，謝雪紅被捕入獄，獄中遭日本人刑求，剝光衣物強姦，針刺指甲縫，用香菸燙乳頭，謝雪紅仍然不屈服。

一九三九年出獄後在台中經商，並暗中經營共產黨地下組織和外圍團體。一九四七年二月台灣爆發「二二八事件」，共產黨的勢力還很小，謝雪紅就能組織武裝民兵「人民大隊」攻占市政府、警察局，成立「人民政府」。整個二二八事件期間，只有謝雪紅有膽識在台中成立「政府」，而且是「人民政府」。武裝民兵後來改稱「二七部隊」，號稱「台灣民主聯軍」。「二七」是指一九四七年二月二十七日發生私菸取締事件，後演變爲「二二八事件」。二七部隊於三月十二日撤退至南投，卻遭原住民杯葛，而於十六日解散。謝雪紅只好藉口脱隊，經由民國政府軍海軍技術員大隊上尉教官蔡懋棠的協助，以家屬身分搭乘政府軍的軍艦，逃離台灣。蔡懋棠是鹿港人，因協助謝雪紅逃亡，被捕判刑十二年。

一九四七年五月謝雪紅逃抵香港，成立「台灣民主自治同盟」。一九四八年回到中國大陸，以「台灣民主自治同盟」主席身分出任中國婦聯副主席、人大代表、政協委員。一九四九年十月一日毛澤東在北京天安門，宣布中華人民共和國成立時，謝雪紅就站在毛澤東的右後方。一九五〇年二月二十八日謝雪紅代表共和國政府發表第一份《告台灣同胞書》。一九五七年毛澤東發動反右運動，謝雪紅被打成右派。

一九六六年文化大革命爆發，謝雪紅遭抄家批鬥，一九七〇年患肺癌在北京去世。台灣政治人物蔡正元評價稱：不屈不撓、堅持理想，「撇開政治立場，謝雪紅堪稱台灣島史上最了不起的女革命家」。

謝雪紅在台中召集「市民大會」，號召市民遊行示威、武裝起義。新竹市成立「二二八事件處理委員會」。

台灣大學的共產黨組織召集台灣大學、延平學院、師範學院的學生千餘人，在台北市舉行聲援大會，遊行演講，張貼標語，要求剷除貪污，嚴懲凶手，實行台灣自治，但也出現號召台灣獨立的標語。

台南學生占領警察局，並奪取武器。

台北、台中學生號召攻占軍警單位。

台灣共產黨

台灣共產黨（1928- 1931），簡稱台共。在共產國際指導下，台灣青年於上海法租界成立該政黨。根據共產國際對於各國支部「一國一黨」的組織原則規定，台共隸屬於日本共產黨領導的「台灣民族支部」。台灣共產黨是日據時期唯一明確提出台灣獨立、台灣革命主張的政治組織，而且成功滲透台灣農民組合及台灣文化協會，影響了一九二〇年代台灣社會運動的發展。一九三一年六月，日本開始大舉逮捕台灣共產黨黨員。在主要幹部陸續被捕的情況下，台共被迫停止運作；而最後一位領導幹部蘇新於一九三一年九月遭逮捕後，台灣共產黨就此瓦解。

台灣光復，老台共成員謝雪紅出獄後重新參與政治活動（謝雪紅沒有加入省工委），於戰後的一九四五年創立「台灣人民協會」，欲延續老台共在日據時期的理念路線，並於一九四七年二二八事件時參與組織「二七部隊」在台灣中部對抗國軍。二二八事件後，謝雪紅赴香港，並於一九四七年十一月在香港成立「台灣民主自治同盟」，簡稱台盟。

嘉義中學師生在嘉義噴水池、火車站聚集號召市民推翻市政府，成立「三二事件處理委員會」。

基督教長老教會學校的學生在涂光明、范姜榮、曾豐明等人率領下，搶奪槍械，分別於北部淡水中學及南部高雄中學成立武鬥基地。

下午二時，「二二八事件處理委員會」在台北市中山堂集會，由台北市參議會議長周延壽擔任主席，決議成立北、中、南、東四個「二二八事件處理委員會」，並擴大由商會、工會、學生、民衆、政治建設協會等五方面推選代表參加。會中民衆代表要求解散警察大隊，廢除新聞圖書電訊檢查，行政長官公署各機關主管改任用本省人，每日上午十時及下午三時定期召開「處理委員會」。出席的政府官員有警務處長胡福相、民政處長周一鶚、交通處長任顯群、台北市長游彌堅。

處委會被暴民綁架

二二八事件動亂原本是單純的治安事件，事情鬧大了，陳儀全盤接受民眾代表要求，並同意成立處委會，但是從處委會第一次在中山堂開會，就可以判斷處委會不會有任何作爲，因爲處委會非但內鬥，而且被暴民綁架，開會期間連起碼的秩序都無法維持，以下是相關人士對開會時現象的描述[8]：

一、黃朝琴的回憶如下：「我辭別陳長官後，即赴中山堂，各界代表先在二樓小

8武之璋，《二二八的真相與謊言》，頁82-83。

房間等候會齊，他們請我進去，我曾告知此事錯在取締私菸的人員擅自開槍傷及行人，我們應該冷靜處理本案，但在室外圍觀的民眾中有人大聲說：『黃朝琴是替政府說話的，不要理他。』後來開會時間到了，我們下樓看見李萬居、連震東兩人亦趕來，又有人在罵他們是政府的走狗，何必來參加，他們兩人聽了只好不參加回去了。……對此事大家冷靜處理，否則不可收拾；下面會眾大聲阻止我再說，故我無其他意見發表。」[9]

二、當時擔任鐵路管理委員會的徐鄂雲，回憶處委會開會的情況：「……始則插嘴囂張，繼以人多口雜，喧賓奪主，會場秩序失控，轉而充滿戾氣。」[10]

三、謝娥、蔣渭川、吳三連、林獻堂，這些人原來都是台灣的領導階層，對群眾都有些影響力，但是在群眾瘋狂的情緒下，他們的影響力都打了折扣，他們也嘗試與民眾理性溝通，也都嘗試過要求恢復社會秩序，但是他們都失敗了[11]。

四、省黨部李翼中主任委員應陳長官之請，參與二二八事件處理委員會，黃國書

9 黃朝琴，《朝琴回憶錄：台灣政商耆宿黃朝琴》，台北：龍文出版，二〇〇一年，頁274。
10 行政院研究二二八事件小組，《二二八事件研究報告》，頁422。
11 武之璋，《一甲子迷障：二二八真相解密》，台北：風雲時代出版，二〇〇七年，頁149。

偕往中山堂，逕登三樓與諸委員相見。堂之內外摩肩接踵，無慮萬人；路爲之塞，翼中嗟嘆而去[12]。

五、自是「二二八事變處理委員會」更形複雜，台獨分子、共黨分子、流氓、惡霸大量加入。是日下午三時，「事變處理委員會」在中山堂開會，政府代表、民意代表均參加，因聽眾擁擠，叫囂煽動，致會議無法進行，反而提出種種無理要求，如解散警察大隊、組織人民自衛隊等，因此政府代表被迫退出「處理委員會」。從此所謂「二二八事變處理委員會」完全由暴徒所控制了[13]。

從以上的資料看來，二二八處委會不但變成一個政治改革機構，又變成各派地方勢力競相角逐的場所，由於開會期間允許民眾圍觀旁聽，又無人維持會場秩序，民眾對所有鴿派言論一律鼓噪叫囂，甚至會後打人，使一些有心幫政府或希望事件和平落幕的地方領袖，不再參加處委會，參加的代表態度也轉趨強硬。

12 李翼中，〈帽簷述事〉，《二二八事件資料選輯（二）》，台北：中央研究院近代史研究所，一九九二年，頁279。

13 柯遠芬，〈柯遠芬先生口述回憶〉，出自國史館台灣文獻館，《二二八事件文獻補錄》，南投：台灣省文獻委員會，一九九一年。

陳儀也知道二二八處委會並非一個可以解決問題的組織，所以官方代表只參加一次開會就不再出席。陳儀雖然對二二八處委會失望，但是似乎並未絕望，繼續與處委會協商，同時陳儀更寄望蔣渭川、王添灯等地方領袖，但是地方領袖的想法非但被暴民綁架，而且暴民橫行無忌。

陳儀一再讓步也誤導了這些台灣菁英，在美國情治人員的誘使下，開始主張「獨立」、「託管」。二二八處委會寄生在省、縣、市、議會原有的架構下快速發展成全省性的巨獸。每次開會結果派代表遞交陳儀，開始時陳儀幾乎全盤接受，處委會遂步步進逼，同時全台灣動亂持續擴大，許多縣市長不是被抓就是逃亡，此情此景有如法國大革命的暴民政治。

法國大革命時期，中央政府瓦解，沒有足以維持秩序的團體，但是台灣情形不同，陳儀政府沒有瓦解，陳儀還有幾千戰鬥部隊在手，陳儀讓情況惡化的原因，並非如陳儀向蔣報告的因爲兵力薄弱，而是因誤判情勢，陳一直不希望動武，一直希望大事化小，寄望地方領袖出面和平解決，到了五日，陳儀可能發生另一誤判，那就是動亂漫延全省，即使出兵已嫌太遲，目前手上兵力不敷使用，所以在第二次向蔣請兵電報中即要求增派部隊。我們可以理解那時陳儀的慌亂，中央在收到台灣當地行政長官的請兵電報，決定出兵應是常理，但是對陳儀而言，應該又是一次誤判，如果陳儀態度轉趨強硬，宣布戒嚴，動用手上現有兵力，應可恢復秩序，而不需由大陸派兵平亂。

「二二八事件處理委員會」開會時，中山堂內聽得見零星的警民衝突的槍聲，會中決議，由胡福相及黃國書上街巡視，制止槍戰。另推派鐵路員工出身的制憲國大代表簡文發負責恢復鐵路交通。

下午，陳篡地、陳海永、葉仲琨在雲林組成「斗六治安維持會」，組織「斗六隊民兵」，圍攻雲林虎尾機場。駐守虎尾機場的政府軍不多，斗六民兵與南下支援的台中民兵，及雲林大林、北港、西螺等地民兵，包圍虎尾機場，並斷水斷電，政府軍不支敗逃。斗六民兵控制虎尾機場，並分兵南下支援嘉義市民兵。

陳篡地

陳篡地（1907-1986），一位出身台灣彰化二水的醫生。曾就讀於台中州立台中第一中學校，曾與謝東閔爲同班同學。畢業後，他就讀於大阪高等醫學專門學校（今大阪醫科大學前身）。期間，曾加入日本共產黨外圍組織「戊辰會」。一九三三年畢業返台後，他先後在雲林斗南、斗六開業。二戰期間，他被殖民政府徵調至越南擔任軍醫。日本戰敗後，因越南情勢不穩，他爲自衛而攜帶一批槍械返台。二二八事件爆發後，他參與組成「斗六治安維持會」，並統率「斗六隊」，攻打虎尾機場（今虎尾空軍基地前身）。

下午二、三時，鍾逸人率台中民兵到嘉義，鼓吹「嘉義市民勇敢站起來，打倒貪官污吏」。

鍾逸人

鍾逸人（1921-?），台中人，一九四一年考上東京外語學校，卻因反日言論入獄，在獄中結識左翼人士，一九四二年獲得不起訴處分釋回。一九四三年返台，擔任日本軍隊的臨時雇員，並升任正式的「專員」，職稱是「陸軍囑託」。鍾逸人奉日軍指派擔任密探，藉機熟識王添灯、謝雪紅、連溫卿、林日高、王萬得、蘇新等台灣共產黨員或左派人士。日本技術性文職人員分爲「技師」、「囑託」、「技手」等三級。鍾逸人以外語能力擔任「囑託」，並非具有軍事專業。

一九四五年日本無條件投降，鍾逸人參加三民主義青年團，一九四六年任嘉義樂野國小校長，兼任《和平日報》嘉義分社主任。一九四七年三月二日參加謝雪紅舉辦的「台中市民大會」，三月三日鍾逸人找台中師範學生組成「民主保衛隊」的民兵組織，擔任「部隊長」，被謝雪紅改組爲「人民大隊」，續任「部隊長」。三月六日謝雪紅將「人民大隊」與其他民兵部隊合併爲「二七部隊」，鍾逸人仍續任「部隊長」。四月二十三日鍾逸人被捕，適逢蔣介石的寬大政策，未被處以死刑，判十五年徒刑，一九六二年出獄。

一九八八年出版回憶錄《辛酸六十年》，二〇〇九年出版《火的刻痕》作爲《辛酸六十年》的續集，二〇一四年撰寫陳篡地的傳記《此心不沉》。

鍾逸人與當時二七部隊任「警備部隊」隊長的黃金島相同，都是台籍日本兵，有參與侵略中國的罪嫌，在二二八事件時，又參加民兵組織以武力發動政變，卻在蔣介石的寬大政策下，未被處死。

鍾逸人日後認爲「台灣菁英被殺害的首謀就是蔣介石」、「台灣人不是中國人」、「台灣要獨立」、建國是要走入群眾共同打拼，啓蒙旁人台灣的歷史與台灣人眞實的身分，千萬不要再迷迷糊糊聽信國民黨文奸的謠言。他希望喚醒年輕一代對台灣歷史的正確認知，以「生不爲奴」的信念及共同的「國民意志」，讓國際強權知道「我要建立主權獨立的國家」。（《維基百科》）

嘉義市暴動的本省人包圍市長孫克俊公館，焚毀傢俱。

嘉義市陷入混亂，本省人四處毆打外省人，軍警荷槍實彈巡邏街頭，毆打事件仍層出不窮。

下午六時，嘉義市參議員成立「二二八事件處理委員會」。

晚上，嘉義市本省人暴動包圍專賣局、警察局，控制街道交通，掌控廣播電台，接管警察局的槍械彈藥。

台北市內的外省人紛紛逃往台灣省警察訓練所、台北憲兵隊、聯勤總部台灣供應局等單位，尋求保護。

政府軍第二十一師獨立團第二營搭乘火車北上，在新竹站受武裝群眾阻饒，無法北上。

新竹縣的外省人被集中營式囚禁在城隍廟、警察宿舍、忠烈祠三地，有五位外省女眷遭本省人集體輪姦，羞憤自殺。

桃園大溪國小外省籍女教師林兆熙被本省人呂春松率眾輪姦，徹夜裸體，幾乎凍死，經原住民女參議員李月嬌營救始脫險。

台中市外省人被強迫集中囚禁在「民眾旅社」、市參議會、地方法院，被強迫學唱日本國歌「君之代」。

全台各地本省籍暴動群眾警告未參與暴動的本省人，不得隱藏外省人，不得替外省人醫病，導致許多公立醫院拒收外省籍病患。

台中縣外省人的大屯區長須榮彥全家遭暴動的本省人攻擊，被本省人張子煌等人救出。

晚間，台南市有三個警察派出所被暴動的本省人攻占，並奪取槍彈。

《楊亮功調查報告》稱：「三月二日台北方面之暴民依然四出騷動，對於各公私醫院所收容之毆傷者多有被暴徒逐出醫院再加毆打……」。

三月三日

台灣各地除了台中市的謝雪紅外，都紛紛成立「二二八事件處理委員會」的組織，成為實際的政權，組織民兵，控制縣市政府，形勢由群眾暴動進入實質政變。

台中縣成立「處理委員會」及民兵自衛隊。

彰化市成立「處理委員會」。

上午十時，「二二八事件處理委員會」在中山堂召開第二次大會，政府官員全部缺席。大會由台北市參議會副議長潘渠源主持，決議由「二二八事件處理委員會」的「治安組」籌組「自衛隊」民兵，維持社會秩序。大流氓也是民眾代表許德輝發表談話稱：「剛光復時，應秘書長葛敬恩號召，組織糾察隊，協助政府接收日產，事後葛敬恩對糾察隊員恩將仇報，以流氓罪處置。民眾應自行組織自衛隊，方不致再受陳儀政府愚弄。」大會並推派林宗賢、林詩黨、呂柏雄、駱水源、李萬居赴美國領事館，說明「二二八事件處理委員會」的立場。

許德輝

「許德輝」（1907-?），新竹人，是台北市黑社會超大號的流氓頭子，也是二二八變亂的多面人，暗中擔任軍統局的線民，也擔任陳儀的線民。

一九四五年陳儀尚未來台時，許德輝曾招集地痞流氓組織「糾察隊」，協助長官公署秘書長葛敬恩保全日本政府和日本人將被沒收的財產。許德輝卻監守自盜，和葛敬恩手下的貪官污吏分贓不均，紛爭不斷。很多許德輝的手下被葛敬恩以流氓罪處置，許德輝心懷不滿。

二二八事件發生時，許德輝藉機崛起，角色多面。一面是流氓頭子，暴動的本省人在街頭帶頭衝的角色，很多就是許德輝的手下；一面表現得立場激烈，鼓動武力鬥爭取得政權，擔任「處理委員會」的治安組長，擴大民兵勢力；一面又擔任陳儀政府的線民，組織「忠義服務隊」，擔任總隊長，維持社會秩序；一面又擔任軍統局台北站長林頂立的手下，制衡陳儀政府和二二八處理委員會。在二二八事件中的分量和王添灯、蔣渭川、陳金水、周延壽等要角不分上下。

事實上，當時很多流氓都是多面角色的投機分子，包括二月二十八日早上帶頭遊街引起暴動的林秉足等人也是多面人，這也是很多流氓分子最後能脱身的原因，因爲不管誰最後贏得政權，他們都有「貢獻」。

葛敬恩

葛敬恩（1889-1979），浙江嘉興人。在二二八事件時是長官公署秘書長兼前進指揮所主任。

一九四五年十月五日率領四十七人的接收團先遣人員抵台，從松山機場到台北市中心，台灣人的歡迎行列長達十公里，但葛靜恩首次公開講話，除了指示日本人要安分工作外，宣布十月二十五日舉行日本軍政人員受降典禮及台灣光復布達典禮外，卻莫名其妙地説台灣是次等領土，台灣人是二等國民，台灣未受中華文化薰陶，大剌剌發表省籍歧視的言論。

葛敬恩出任陳儀政府的秘書長，是第二號人物。葛敬恩還派他的弟弟接收台灣茶業公司，出任總經理，控制茶葉進出口，兩兄弟除了貪污舞弊外，還與茶商同業公會推薦出任台灣茶業公司董事長的王添灯不時爆發衝突，埋下王添灯以省參議員身分不斷挑釁陳儀政府，以及後來主導二二八事件處理委員會，計畫推翻陳儀政府的火種。

葛敬恩可說是陳儀政府第一號大貪官，也是蔣介石政權接收大員借勢貪贓的代表人物。葛敬恩在二二八事變後回上海，一九四八年被選爲立法委員，一九四九年通電擁護中國共產黨，出任中華人民共和國的全國人大代表、全國政協委員。

上午十一時，「二二八事件處理委員會」代表蔣渭川、林梧村及各方代表二十餘人，與政府官員周一鶚、包可永、胡福相、任顯群、趙連芳、柯遠芬舉行會談，經商討後決定，軍隊於當日下午六時撤回軍營集合，達成由憲兵、警察及學生青年組織「治安服務隊」以維持地方治安的共識。

下午四時，「二二八事件處理委員會」的「治安組」即在台北市警察局召開「台北市臨時治安委員會」，決議籌組「忠義服務隊」，由大流氓許德輝擔任「總隊長」，台北商校學生廖德雄任副總隊長。

忠義服務隊

有關「忠義服務隊」的說法很多。

現在民進黨與其支持者最常講的，包括在《維基百科》就是引用學者陳翠蓮的論述：「忠義服務隊是陳儀結合警備總部成立，利用黑道攻擊外省人，製造中央派兵鎮壓的藉口。」「陳儀當局一面向中央誇大事件的嚴重性，一面又透過特務與流氓翻雲覆雨、擴大暴亂，忠義服務隊僅是其中一例。」

中央研究院台灣史研究所研究員許雪姬在二〇〇一年的文章說：「許德輝及其所組的忠義服務隊，得到確實證據，他們確實是軍統滲透下的組織。」

這說法是將暴亂的責任推給忠義服務隊，而忠義服務隊是陳儀與軍統控制的組織，目的是要中央有藉口派兵來台。

另一種說法是《台灣事變內幕記》裏面講的：「台北市的治安，遂由長官公署的肩膀上，而旁落至許德輝所領導之忠義服務隊之手。」「蔣渭川、王添灯等復先後廣播，說明組織忠義服務隊的必要，並號召全台灣有志之學生青年，應一致團結奮起，爭取台灣的新生。」「民眾代表許德輝，以學生軍爲名向民眾募集七十七萬台幣（當時米價一斤六十元）……許德輝實際上是大流氓頭，他的忠義服務隊是以當地地痞流氓爲主幹，在台北市到處可見他們手纏白布巡邏的場面，眞是出盡了風頭……」說明「忠義服務隊」是蔣渭川、王添灯認爲有成立的必要，還號召全台灣的青年加入。這部分就與前述「忠義服務隊是讓中央有派兵藉口成立的」說法完全矛盾。

第三種說法，是忠義服務隊當事人講的。忠義服務隊成員廖德雄談到二二八後台北市治安惡化，三月二日，台北市長游彌堅與警務處長胡福相決定由學生組成「忠義服務隊」。總隊長許德輝，副總隊長廖德雄，後來他們才知道許德輝是軍統台灣站站長林頂立找來的流氓。但是三月三日後，許德輝拿到三千萬經費後就避不見面。所以廖德雄說「我才是忠義服務隊實際總指揮」。

從以上談話來看，在忠義服務隊成立之前，台北市就到處有打砸燒殺搶，外省人被殺害的事件，才要成立忠義服務隊以維持治安，也因爲這樣，蔣渭川、王添灯才會在廣播電台說明成立忠義服務隊的必要性。

忠義服務隊是學生爲主，並不受總隊長許德輝這位流氓控制，因爲他拿走經費就避不見面，而是由當時仍是學生身分的廖德雄爲眞正領導。

然而，廖德雄先生下一段講的就看出忠義服務隊的質變。他說：「本來我們要求在各分局的服務隊要配備十支手槍以維持治安，但是當局並沒有發給我們，而警察局遺留的舊式槍支也都不能使用，後來王炳煌提議『搶武器』，我們跑去包圍圓山海軍訓練所，但遭到機槍掃射，只好撤離。」如果這些所謂的「學生」以需要槍械爲由，拿不到就去軍營搶，這應與學生原本要維持治安的理念差距已經非常遠了。

另根據已公開的資料，蔣介石在三月五日即決定出兵了，而「忠義服務隊」在三月四日才上班，才一天就可以製造出兵的藉口嗎？忠義服務隊快速變質，也有攻擊外省人的情事，但若要說是「陳儀成立忠義服務隊，用其攻擊外省人，來製造中央派兵鎮壓的藉口」的三段式邏輯，應是不通的[14]。

隨後王添灯廣播宣布「處理委員會」取代政府，成立「治安聯合辦公處」。蔣渭川廣播號召青年及學生參加「忠義服務隊」民兵，有建國中學、成功中學、泰

14 廖青揚、楊書育著，《論台灣族群與二二八、白色恐怖、眷村訴訟戰》，桃園平鎮，二〇一四年，頁126-129。https://www.facebook.com/towakeup/posts/752607448229793/

北中學、延平學院、台北工業學校、台灣商工、法商學院等一千多名學生參加。

下午五時，台北市高中及大學生的自治會以組織「學生軍」名義，上街募款，募得台幣七十七萬元。

陳儀下令台北市內的政府駐軍撤離市區。

台中方面，謝雪紅組織「台中地區治安委員會作戰本部」，不是「二二八事件處理委員會」的模式，而是直接成立「人民政府」，組成「人民大隊」爲名的民兵部隊。謝雪紅自任總指揮，鍾逸人任部隊長，圍攻縣政府，囚禁毆打縣長劉純忠。在台中市參議會設總指揮部，拘禁外省人二百多人，攻占軍營及彈藥庫，與政府軍展開激烈槍戰，晚上十時政府軍兵敗投降。謝雪紅指揮民兵占領空軍機場、被服廠、後勤站，俘虜將官五人，軍士官約一千五百人，並運送槍械彈藥，供應雲林、嘉義等地的二二八民兵。整個二二八事件期間，只有謝雪紅有膽識成立「人民政府」。

劉青山爲專賣局台中分局科員。民衆因憤事件起於台北市的專賣局人員因緝私菸的不當，而連帶不滿劉氏，劉氏乃於專賣局台中分局前之台階被流氓推下之後，又爲群衆趨前圍毆至重傷，被送往台中醫院治療。但他未死之消息傳出，民衆憤恨未平，於次夜，流氓十餘名衝入醫院，割去劉君耳、鼻後，又挖出雙眼，再予以猛擊而罹難[15]。

面對如此兇殘之行爲，三月十六日《中央日報》報導：外省人的反應是「飽歷台變驚險，外省人續返榕廈，在基隆候輪者猶逾萬人」。

殺害劉青山的凶手

對劉青山施暴的人是誰？有沒有受到法律的制裁？還是這些暴民最後也成爲二二八事件的「受難者」，且得到「賠償」？迄今仍然沒有答案。

就現有資料來看，暴徒的頭子應該是何鑾旗，何是《大明報》記者，是二二八台中活躍分子，《大明報》記者何鑾旗（外號加納）指揮前「義勇警察中隊」部分隊員，加上前海南島「青年義勇奉公隊」隊員，接管整個警察局，成立「台中特別警察隊」，由何鑾旗任隊長，代替警察局維持社會治安。資料顯示，台中參加暴動暴徒主要名冊第一名就是何鑾祺（鑾旗）[16]。

又根據警總保存憲兵第四團台中地區三．二事件重要人犯名冊的記載，上面寫

15 行政院研究二二八事件小組，《二二八事件研究報告》，頁307。
16 簡笙簧主編，《二二八事件檔案彙編（第一冊）》，台北：國史館，二〇〇二年，頁386。

著：「何鸞祺（鑾祺），三二歲，台中人，《大明報》記者，警察局長處委會調查兼專賣局長，爲流氓領袖之一，三月一日參加謝雪紅主持之幹部會議，三月二日市民大會後親率暴徒尋毆外省，繳收警察局槍枝並占領之，親手殺害專賣局的人員莊（劉）青山，主持台中各報聯合版詆毀政府，煽動暴動，率眾打死專賣局劉主任。查該犯係共產黨駐台幹部。」[17]他的「犯罪行爲：鼓吹暴動處」[18]。不過，從官方的資料看來，何鑾旗被中部綏靖區司令部拘捕後，以「內亂罪」案件經檢察處提起公訴交司法審判，公訴的內容卻沒有提及劉青山一事。地院被判有罪（無地院判決書等資料），後來何鑾旗上訴高院改判無罪，根據高院刑事判決第三十七年處特字第二十二號判決罪理由如下：「我中央政府處理此次事變迭主寬大，自宜略跡原心，不事吹求，爰諭知被告無罪以彰德意。」換言之，凶手至今依然逍遙法外。

17 中央研究院近代史研究所編，《二二八事件資料選輯（第六冊）》，台北：中央研究院近代史研究所，一九九三年，頁125。

18 中央研究院近代史研究所編，《二二八事件資料選輯（第五冊）》，台北：中央研究院近代史研究所，一九九三年，頁541。

台中學生組成民兵抵達嘉義，會合嘉義群衆，攻擊軍隊、縣市政府，包圍市長官邸，收繳警察武器。

中南部民兵毆殺外省人，驅趕外省人，並拘禁八百多人於臨時集中營，搶奪軍火庫，取得萬枚以上手榴彈。

下午，國民黨三民主義青年團嘉義分團主任陳復志出任「二二八事件處理委員會嘉義分會」主任委員兼「嘉義防衛司令部司令」。三千名的嘉義民兵，開始攻擊政府官員及憲警軍隊所聚集的山仔頂的嘉義中學，接管嘉義市政府，攻占軍械庫，控制嘉義廣播電台，包圍憲兵隊、東門町軍營、紅毛埤第十九軍彈藥庫。二百多名外省籍軍公教人員及眷屬逃往水上機場。參加陳復志暴動隊伍的民兵有來自台中、南投、雲林、台南的學生及一般年輕人。嘉義流氓頭子林振榮擔任自衛警察團團長。

三民主義青年團

中國國民黨三民主義青年團，簡稱「三青團」，團員是廣義的國民黨黨員，三青團是國民黨內的新興派系。一九三八年三月中國對日抗戰的第二年，國民黨在武漢召開臨時全國代表大會，決議停止黨內一切派系活動，設立「三民主義青年團」，蔣介石任團長，陳誠任書記長。

一九四二年李友邦（1906-1952）在中國大陸擔任三青團台灣支團幹事長，一九四五年九月張士德返台籌組三青團台灣區團，並成立基隆、台北、嘉義、台南、高雄等五個分團，吸收陳逸松、陳旺成、張信義、陳復志、莊孟侯、吳海水、吳新榮等地方菁英加入。

三青團台灣區團，簡稱台灣三青團，因籌備幹部有原台灣文化協會的左派人士洪石柱，負責吸收本省人，以及日本殖民時期遭鎮壓的左派團體成員，如台灣農民組合、工友總會、文化協會、台灣共產黨等成員，如簡吉、蘇新、張信義、莊孟侯、李曉芳、林日高、潘欽信、蕭來福、王萬德等人，都積極加入台灣三青團。不久走左派路線的台灣三青團即與陳儀政府、國民黨台灣省黨部，因路線爭議及資源爭奪，時生矛盾。台灣三青團事實上也成爲以左翼人士、左傾知識分子、台灣共產黨員爲主體的國民黨左派團體。

台灣三青團介入二二八事件甚深，與陳儀政府及軍警部隊衝突甚烈，被清算鎮壓死傷人數甚多，王添灯、陳澄波等人皆因此喪命。台灣三青團左傾色彩濃厚，在二二八事件中挑戰陳儀政府採激烈行動，再因團內外派系複雜，交相攀誣構陷，多名幹部遭槍決，形成國民黨打國民黨的特殊局面。一九四七年三月二十九日憲兵司令張鎮呈給蔣介石的報告稱：「此次叛亂行動，青年團居領導地位」，就是反應台灣在二月二十八日陷入無政府狀態，青年團內有政治企圖的幹部起而爭奪政權的現象。二二八事件後，大部分幹部被逮捕甚至處決，台灣區團形同解散。

陳復志

陳復志（1911-1947），嘉義人，赴日本讀高中，轉赴廣東就讀黃埔軍校，參加中國抗日戰爭，戰後回台擔任中校參謀，後轉任嘉義三民主義青年團主任。二二八事件時，出任嘉義「處理委員會」的主任委員兼民兵司令，武力奪取嘉義政權，拘押外省人，包圍水上機場的政府軍和市長孫克俊，是南部地區二二八事件的要角。《二二八事件責任歸屬研究報告》也將陳復志稱之爲嘉義的「民兵領袖」。

嘉義市民兵主力，是由羅雨祥和羅金成兄弟率領的「海外隊民兵」，湯守仁率領的「高山隊民兵」，台南工學院學生兵，台中、斗六、竹山、新營、鹽水等地民兵，中國共產黨幹部張志忠率領的「自治聯軍」，及溫義仁率領的台籍日本海軍航空隊裝備隊志願兵所組成。

羅雨祥的日本姓名叫「國本智夫」，率領的兵員是參加日本海軍的台籍志願兵，羅金成的日本姓名叫「國本博夫」，率領的兵員是參加日本陸軍的台籍志願兵。

台籍志願兵

一九四一年十二月七日，日本偷襲珍珠港，美國正式向日本宣戰後，隔天日軍戰機從台南、高雄基地起飛，轟炸菲律賓，美軍傷亡慘重。日軍占領太平洋島嶼，但其優勢只維持七個月。一九四二年六月中途島戰役，日本海軍重挫，即失去制海、制空權。其間一九四二年二月二十八日，台灣總督長谷川清宣布實施「台灣特別志願兵制度」。

日本在中途島戰役大敗後，六月二十日，日本開始實施「陸軍特別志願兵制度」，原住民也組織志願兵的「高砂義勇隊」。依「台灣特別志願兵制度」擬招募一千名台灣人擔任日本兵，原本日本人擔心台灣人參軍，會有不夠忠誠的問題，但卻意外出現台灣人熱烈參軍的現象，有四十二萬餘（425,961）人應徵，最後只錄取一〇二〇人。一九四三年六月一日第二次招募一千名，有超過六十萬（601,147）人應徵，只錄取一〇三〇人。一九四四年應徵者近七十四萬（739,276）人，只錄取約二千五百（2,497）人。而一九四〇年一月分統計，當時台灣十七歲至三十歲男子人口只有六十三萬多（633,325）人，因此應徵比例實在高得驚人，台灣人熱烈支持日本侵略中國和東南亞，也出乎日本殖民政府意料之外。

台灣人擔任「志願兵」共有約一萬六千五百人，其中陸軍五千五百人，海軍一萬一千人。日本殖民政府在發現台灣人非常熱烈支持日本的侵略戰爭後，於一九四五年一月十五日乾脆廢除「志願兵」改實施「徵兵」，強徵「義務兵」約六萬餘（63,933）人。

從台人踴躍報名參加日本志願兵可以看出，日本皇民化的教育已有成果，很多台灣青年當時的身分認同已開始發生變化。

下午有八名台灣大學的學生赴美國領事館要求提供槍支彈藥，美國領事布拉克（Ralph J. Blake）奉命維持中立，不介入紛爭，不理會學生的請求。但具有間諜身分的副領事葛超智（George Henry Kerr，又稱柯喬治），卻積極介入，製造事端。

葛超智

美國人葛超智（George Henry Kerr），又名柯喬治，可以說是二二八事件中最大的敗類。美國國務院早已否決台獨的可能，但是做爲一位低階、以副領事級身分對外的中央情報局部（CIA）人員，卻不斷地製造假新聞來爲台獨取得合理性，甚而編撰美國可以提供武器的謊言，而當時的台灣菁英，誤以爲他既然是台北領事館的官員，其言論及行爲應可代表美國的立場，因而輕易地被鼓動，而挑動了陳儀最敏感的「反台獨」神經，而使得多名人員遇害。

葛超智，一九一一年生於美國賓州。一九三五年至三七年在日本讀書，一九三七年至四〇年來台灣擔任台北高等學校的英文教師，眞實身分是美國的特務間諜。一九四五年十月二十五日陳儀接受日本軍隊投降時，應是在美國的要求下，葛超智僞裝是陳儀的助理出席，但葛超智始終是一位企圖推動國際託管台灣的美國特務。

在二二八事件發生時，葛超智擔任駐台北的美國領事館副領事，一九四七年三月一日葛超智向國際合眾社記者謊稱：「台北三、四千人殞命，台灣人擬避難入美國領事館」，合眾國際社在三月二日公開散布這則謠言，成爲國際上的虛假新聞，到現在還廣被台獨人士引用。

葛超智撰寫《被出賣的台灣》（*Betrayed Taiwan*）中大量撰寫本省人被害的情形，對大批外省人在二月二十八日和三月一日已橫屍台北街頭避而不談，三月一日上午有婦孺八人在內的外省人共十一人，下午有十五名外省人，遭本省人追殺，逃入台北美國領事館，尋求庇護，葛超智不可能不知，卻隻字不提，還故意捏造假新聞說：「台灣人擬避難入美國領事館」。葛超智的立場是鼓動台獨，但其作爲的卑鄙程度超過外交官的職分太遠。

二二八事件發生時，台灣已有很多外國商行、教會、記者，如果眞有葛超智所說的「大屠殺」，應不難取得圖像紀錄，像一九三七年南京大屠殺、一九四五年馬尼拉大屠殺，都留有充足的圖像紀錄，但不僅美國領事館沒有這些資料，外國商行、教會、記者都沒有這些圖像，連搞間諜工作的葛超智自己也拿不出來。

葛超智說三月二日有一位本省人醫生攜帶一枚達姆彈來美國領事館，這位本省人醫生說這枚達姆彈是二月二十八日中午，軍警在街上巡邏任意開火時，射入診所，剛好打穿診所書架上一部厚厚的醫學書籍。這位本省人醫生要求美國領事館向中國提出抗議，制裁中國使用達姆彈槍殺台灣人。

問題是當時的中國沒有能力製造達姆彈，只有日本有能力製造達姆彈。日本曾在侵略中國時，使用達姆彈殺戮中國人，但從無中國軍隊使用達姆彈的紀錄。再者，二二八事件所有槍戰記錄，都沒有出現達姆彈，卻在一位本省籍醫生診所裏的書籍上出現達姆彈，根本就是內有蹊蹺。如果中國政府軍在二二八事件中使用達姆彈，不會只使用一顆，也不會那麼多的槍戰現場都沒有人看見達姆彈的彈殼。

唯一可以解釋的是，葛超智和這位本省人醫生持有這枚達姆彈，是造假說謊，誣賴指控中國軍警使用達姆彈，企圖引發國際制裁中國。雖然葛超智言之鑿鑿，國際輿論從沒相信過，只有部分台灣人信以爲眞，還寫入《維基百科》和許多文章自我欺騙，目前這枚達姆彈和被射穿的醫學書籍還在台北市二二八和平公園紀念館內展覽，這是二二八事件裏最大的謊言之一。

葛超智自己在三月七日呈送給駐南京的美國大使館的電報，明白說曾將該達姆彈送給美國陸軍航空隊前少校愛德華佩因（Edward E. Paine）檢驗，佩因認定「這種子彈是日本製造」，且檢驗後即交還葛超智，並未當作指控中國軍隊的證物。佩因當時是聯合國駐台北的官員，如果確信這枚達姆彈是中國軍隊使用的，依其職責，沒有理由不作爲中國違反國際法的鐵證，往上陳報給聯合國以制裁中國，卻發還給葛超智，可見葛超智演過頭，佩因根本不信。葛超智在《被出賣的台灣》一書裏也絕口未提這枚達姆彈是日本人製造的，也不提佩因曾檢驗後發還一事。葛超智操弄達姆彈及死傷人數，企圖製造國際輿論，用心詭異。

不要以爲葛智超的陰魂已經散去，一直到二〇一八年，達姆彈還被拿出來消費。二月二十二日國史館召開記者會，發表國史館的新書《解密．國際檔案的二二八事件》，書中說：「美國在台領事步雷克寫給美國駐中國大使司徒雷登的〈檢視台灣危機中〉的報告中，直指二二八事件是『一場無組織又大都無武裝的台灣人民，與中國陸軍部隊支持的陳儀政府間發生的衝突』，台灣人民雖遭機槍及達姆彈攻擊，但至三月三日仍未使用武器。」事實早已證明，這份由葛超智執筆的報告，完全是謊言與笑話，但是在二二八事件發生後的七十一年，還在被消費。從中可以瞭解到二二八事件的「謊言」從來沒有被眞正的認識過。該謊言可以由官方機構國史館代爲背書，這又顯示二二八事件的「政治正確」到了什麼樣的程度。

葛超智在三月三日涉嫌草擬一份八〇七人具名的《台獨請願書》，交由「二二八事件處理委員會」委員及代表一四一人簽名，向美國政府陳請，要求美國干涉，國際託管台灣，推動台灣獨立。這份一四一人簽名的名單至今尚未公布，但陳儀根據情報揣測這份名單，名單內多人以叛亂罪遭到槍決。例如陳儀即認爲林茂生是「接近領事館，企圖由國際干涉，妄想台灣獨立」，因而不幸慘遭殺害。

葛超智在《被出賣的台灣》一書中，說他目睹了二二八事件，以致於很多人均引用他的資料，但是該書的報導有許多與事實不符之處。詳請參考第二章「二二八事件的謊言有多離譜？」部分。

葛超智爲了鼓勵台獨，還揑造美方願提供武器事，據二二八事件時擔任《自由報》記者之蔡子民與吳克泰的回憶，兩人均曾獲悉美方提議供給武器事。前者是經常出入美國新聞處之陳姓友人，於二二八事發約三天時告稱：「Kerr說如果台灣人要武器，他可以從馬尼拉送過來。」[19]

葛超智在一九四七年三月一日至十四日向南京美國大使館發布的十七件電文，有三件未經領事布拉克（Ralph J. Blake）簽字，且內容誇大到揑造事實的地步。

19 劉國基整理，〈二二八在北京發言：二二八事件座談會紀錄〉，收錄於王曉波編，《台盟與二二八事件》，台北：海峽學術，二〇〇四年，頁346。

一九四八年三月孫科來台調查二二八事件，召開記者會抨擊美國領事館、新聞處捏造事實，煽動暴亂。司徒雷登（John Leighton Stuart）大使發現孫科指控屬實，將葛超智等人解職。

作爲一個CIA前身美國戰略情報局間諜出身的領務官員，葛超智被解職後，美國國務院還將他列爲永不錄用的人事名單，最後只能混跡在華盛頓大學當日本史和日語兼任講師二年，史丹佛大學和加州柏克萊大學當日本琉球史及日語兼任講師一年，最後轉到胡佛研究所當副研究員五年，但學術水平低落被辭退，四十四歲以後從此終生沒有穩定工作。

葛智超所著《被出賣的台灣》這本書，內容刻意造假、錯誤百出、用心邪惡，但迄今卻仍然是台獨者在二二八事件中的論述依據。

以博士論文出版的《二二八事件眞相辯證》中，這樣評論《被出賣的台灣》一書：「……這樣一部作品卻影響台灣極爲深遠，甚至多位教授採用此書作爲授課教材，不禁令人搖頭。」[20]

20 黃種祥，《二二八事件真相辯證》，頁309。

同樣以博士論文出版的《美國駐台北副領事葛超智與二二八事件》一書最後結論也稱：「綜合以上論述，葛超智實爲導致二二八事件中，主政者與改革者彼此立場對立，衝突惡化，致使二二八事件無法以和平收場之關鍵人物，亦是造成二二八事件六十年後，遲遲無法落幕之罪魁禍首。」[21]

下午四時，「二二八事件處理委員會」的人員，向美國領事館以個人身分提出一份八〇七人「請願書」給美國國務卿馬歇爾，要求美國干涉、聯合國託管、台灣獨立。該「請願書」原文用語：「有賴於聯合國共管台灣，切斷台灣與中國本土之政治、經濟關係，直到台灣獨立爲止。」請願書僅有一四一人簽名，到目前美國只公布「請願書」的內容，這一四一人名單尚未公布。美國領事館副領事葛智超，鼓勵並支持台獨人士，並在二二八處委會給美、英兩國電文中刪去「軍隊繳械」、「要求獨立」的部分，爲台獨分子爭取國際同情[22]。

21王呈祥，《美國駐台北副領事葛超智與二二八事件》，台北：海峽學術，二〇〇九年，頁306-307。

22武之璋，《二二八真相解密》，台北：風雲時代，二〇〇七年（民國九十六年），頁41。

陳儀認定這是「台獨請願書」，這一四一人涉嫌叛國，應處以軍法，部分人在三月十一日至十六日被迅速槍決，其中之一就是林茂生。但是陳儀的這一四一人名單情報的確實性，不一定經得起查證。林茂生是「二二八事件處理委員會」委員裏英文最好者，被陳儀懷疑是「台獨請願書」的起草人，於三月十一日被捕失蹤，應該是被陳儀秘密槍決。但事後證據指向「台獨請願書」的作者是美國領事館副領事兼特務間諜葛超智，及另外一位台獨分子黃紀男，不是林茂生。

黃紀男

黃紀男（1915-2003），出生於台灣，一九三九年日本東京大學政治科畢業後，返台於台灣總督府文教局任職。一九四七年二二八事件後，黃紀男赴大陸、香港等地。一九四八年一月在香港與廖文毅宣傳台灣託管論，主張台灣由聯合國託管後再進行公民投票獨立，並且與謝雪紅等人發生激辯。黃紀男於二月二十八日參與創辦戰後台灣以外的第一個台灣獨立運動組織「台灣再解放聯盟」，並擔任秘書長。一九四八年底黃紀男轉回台灣密謀台灣獨立運動。

一九五〇年五月，黃紀男便因主張台灣獨立被捕，判刑十二年並移送綠島；

一九五六年因台灣共和國臨時政府的陳哲民放棄台獨返台，黃紀男減爲九年有期徒刑。一九六二年，黃紀男重新與在日本東京籌措台灣共和國臨時政府的廖文毅取得聯繫，爲警總破獲，並於一九六五年一月被判死刑，於廖文毅放棄台獨回台後，於一九六五年十二月特赦出獄。一九七二年六月十二日，黃紀男因涉及蔣經國在美國被刺案再度被捕，被判有期徒刑十五年，一九八二年，獲減刑出獄，是黃紀男第三度入獄。

民進黨成立後，黃紀男以高齡擔任民進黨第一、二、三屆的仲裁委員，並且在陳水扁當選總統後出任總統府國策顧問，二〇〇三年五月過世。

下午，台灣省警備總司令部參謀長柯遠芬發表廣播，命令軍隊官兵留守營區，不得外出。

下午四時，嘉義市陳復志、陳澄波到嘉義憲兵隊與市長孫克俊、憲兵隊長李士榮、駐軍營長羅迪光協商。

高雄在涂光明領導的民兵和「處理委員會」委員率領的群衆要脅下，所有政府機關全遭控制，僅剩高雄要塞司令部及彈藥庫、軍醫院還在彭孟緝率領的政府軍手上。

三月四日

三月三日後，王添灯在處委會上稍占優勢，因此，蔣渭川轉到爭取青年學生。處委會爲壯大力量，籌劃進一步擴大組織。三月四日上午，處委會開會，決議計有八項，最重要者有二：一是請柯參謀長遵守三月三日的諾言，全面禁止士兵武裝出門；二是擴大處委會爲全省性組織，即通告全省及各縣市議會，以參議會爲主體，組織事件處理委員會，並選派代表參加台北市的全省性處理委員會。

台中方面，謝雪紅率「人民大隊」攻占台中縣及台中市警察局、台中市政府、台灣省專賣局台中分局、台中市憲兵隊、台中團管區司令部、台中軍械處、台中廣播電台、台中電信局、台中水湳空軍第三飛機製造廠，宣布成立「台中人民政府」。台中市官方機構大多爲「民軍」所接管。

基隆市成立「處理委員會」。

台南市成立「處理委員會」。台南方面：四日……及第四台長巡視糖業實驗所後，回程爲高雄之民衆追擊外，別無他事發生。

台南市街頭出現的標語：「新民主國成功萬歲」（大市場）、「台灣人民覺悟起來」（火車站）、「打死阿山」、「驅逐豬仔軍出台灣」（開山町）、「歡迎參加義隊（歷史館）、「台灣人要獨立自由」（青年路）[23]。

屏東市成立「處理委員會」，由市參議會副議長葉秋木任主席，設「治安本部」組織民兵。

葉秋木

葉秋木（1908-1947），屏東人。日本中央大學畢業，曾在日本參加左派活動，回台經商，出任屏東三民主義青年團組織幹事，一九四六年任屏東市參議會副議長，因議長張吉甫稱病，由葉秋木出任屏東「處理委員會」主任委員，組織民兵，接管屏東市政權，原市長龔履端逃亡，葉秋木出任市長，是屏東在二二八事件的要角。

23 鄧孔昭編，《二二八事件資料集》，台北；稻鄉出版社，民國八十年，頁292-293。

中央社報導：「領導台北暴動之三大集團，流氓派現已妥協，力主恢復秩序，學生派反對恢復秩序……第三派包括海南島及日本之歸僑（一稱海外派），亦反對妥協者。學生派係以台大爲中心，知識較高，思想最激。……海外派中亦有曾任中共之挺進隊者。……學生派代表今上十一時，往謁陳長官，……要求發給武器始願妥協。……（陳）具不應允。」

流氓派與學生派原先合作維持社會秩序，但流氓派主張適可而止，不要繼續與陳儀政府鬥爭。學生派與海外派合作力主繼續鬥爭，流氓派與學生派意見不合，發生鬥毆，導致一位學生傷亡。

中央社另外密電：「今日之恢復秩序，僅爲一時之表面現象，內部仍在繼續醞釀，未可樂觀。」當然僅指台北地區的秩序，其他地區仍很不平靜。

上午十時，「二二八事件處理委員會」在中山堂開會，下令全台各縣市參議會組織「二二八事件處理委員會分支會」，接受「台北總會」的領導，並派代表參與「總會」工作。事實上，「處理委員會」已在十七個縣市設立分會，且下令台灣電力公司員工全由本省人擔任，禁止軍隊離開營區，禁止軍警攜帶武器，號召籌組十萬民兵自衛隊。一個由「二二八事件處理委員會」爲核心的「政變新政府」已然形成。

「處理委員會」主席仍由台北市參議會議長周延壽擔任。

「處理委員會」委員李萬居報告稱，上海、馬尼拉、大阪媒體大幅報導，提及「二二八事件處理委員會」爭取國際託管，推動台灣獨立。李萬居認爲不是事實，應予駁斥。李萬居顯然不知道三月三日下午四時已有很多委員以個人身分向美國領事館遞交「請願書」，要求美國干涉，國際託管台灣島，促成台灣島獨立。

上午十時許，陳炘、蔣渭川、林梧村等四十多人請見陳儀，要求政治改革、解決失業，陳儀首先表示，目前的政治經濟政策是對的，只是部下「做事不清楚」，關於政治改革方面，願意接受處委會甚至一般民衆的意見，只著重地方行政，因國家憲政是屬於中央的權限。

「二二八事件處理委員會」負責人王添灯宣布台中所有政府機關已由「處理委員會」接管完畢，但事實上是由謝雪紅領導的「人民政府」接管的。

高雄「處理委員會」的民兵領導人涂光明、郭國基公開警告高雄要塞司令彭孟緝要快點繳械投降。

涂光明

涂光明（1912-1947），澎湖人。一九三六年赴上海經商，曾是汪精衛魁儡政權的特務。一九四五年參加李友邦的台灣義勇隊，被吸收爲別動隊殺手。後返台任高雄市政府日產清查室主任。二二八事件時，積極在高雄及台北吸收學生，組織民兵，建立武鬥基地。涂光明率二二八民兵圍攻政府軍及憲兵隊，在高雄火車站打殺外省人，控制高雄市政府和「處理委員會」，是高雄二二八事件的要角。……

彰化田中國小老師與長老教會信徒搶劫外省人經營的織布廠。

全台各地出現台籍日本兵持日本軍刀、戴日本軍帽、穿日本軍服四處搶劫並毆打、殺害外省人。

台南縣市政府、高雄縣市政府、屏東縣政府全被「二二八事件處理委員會」的民兵占領。

屏東縣台籍日本兵組織「處理委員會」，成立「治安本部」，組織「海外隊」、「陸軍隊」、「海軍隊」。

省參議員及花蓮縣三民主義青年團總幹事馬有岳籌組「處理委員會」，組織「青年大同盟」民兵，由許錫謙出任陸空總司令，下轄由流氓組成「金獅隊」，海南島遣返的台籍日本兵組成「白虎隊」，左翼學生組成「青年隊」等民兵部隊。許錫謙也是花蓮縣三民主義青年團的宣傳股長。二二八事件後，馬有岳僅被陳儀政府通緝，逃亡經年，並未獲罪，仍續任台灣省參議員。

下午二時，「二二八事件處理委員會」開會，聽取黃朝琴、杜聰明、王添灯、林連宗的報告。

二時許，台南市所有警察派出所、第二監獄、海關倉庫、保安警察大隊部全被日本裔台灣人湯德章指揮的「二二八事件處理委員會」的民兵接管，憲兵隊停止武裝巡邏，由台南工學院學生和脫離崗位的本省籍警察所組成的民兵接手巡邏。

湯德章

湯德章（1907-1947），父親是日本人「坂井德藏」，擔任日本殖民台灣的警察派出所主管，後改名「新居德藏」，在奉令消滅噍吧年事件余清芳的抗日部隊時，反被余清芳部隊所殺。湯德章的本名叫「坂井德章」，母親是台南新化的鄒族原住民，名叫「湯玉」。湯德章在父親死後，改從母姓叫「湯德章」，先就讀台南師範學校，轉讀台北警察學校，繼承父親的警察職業，擔任日本警察，後返回日本投靠叔父，攻讀日本中央大學法律系，畢業返回台灣當律師。日本戰敗後，以其母姓選擇歸化當中國人，未被遣返戰敗破落的日本。

一九四五年湯德章被同爲日本留學背景的陳儀所賞識，收攬出任台灣省公務員訓練所所長，後擔任官派的台南市南區區長。二二八事件發生時，湯德章以其日本警察背景，以維護治安爲名，代表抗爭群眾出任民兵領導人，並被推舉爲台南「市長候選人」。一九四七年三月十三日湯德章被政府軍以其日本人血統和日本警察背景，認定是叛亂犯和日本間諜遭槍斃。白崇禧將湯德章案移送台灣高等法院審理，認定湯德章並無叛亂和間諜證據，改判無罪。

湯德章現被台南的政治人物奉爲罹難英雄，將湯德章被處決的空地改名湯德章紀念公園，而原地的孫中山銅像被徹底移除摧毀。反觀那位湯德章父親的敵人「余清芳」，卻徹底從台南市區的街道上失去蹤影，台南市西來庵原址被改建成基督教堂，連個「余清芳紀念公園」都沒有。湯德章與余清芳的對照，就很清楚可以觀察到統獨歷史趨向的位移，二二八事件被重視，噍吧年事件（西來庵事件）被抹煞，從這兩件事的後續重視程度，可以看出台灣認同與價值的變化及走向。

嘉義市民兵包圍東門町軍營、紅毛埤彈藥庫、退守嘉義中學的政府軍，政府軍以迫擊砲轟擊嘉義市區，嘉義市憲兵隊退守水上機場。

柯遠芬派少將陳漢平與嘉義市二二八事件處理委員會的委員劉傳能協商。下午六時，陳儀的台灣省警備總司令部參謀長柯遠芬下令政府軍隊全退入軍營內。

「二二八事件處理委員會」晚間開會通過「組織大綱」，設立「常務委員會」、「主席團」七人、「處理局」、「政務局」，推舉陳逸松任「政務局長」，並通過「八項政治根本改革方案」，認定「二二八事件責任應歸政府負責」。

王添灯等決策人員並秘密決定於三月十五日接管「台灣省行政長官公署」，完成政變計畫。

有人認爲提出《組織大綱》和《八項改革方案》的陳逸松是陳儀政府和軍統局刻意安排，以坐實「叛亂罪」的策略，這完全是憑空杜撰的想像。

陳逸松

陳逸松（1907-1999），宜蘭人，祖父是宜蘭大地主陳輝煌，與吳沙都是宜蘭的開墾先鋒。陳輝煌是一八七七年加禮宛事件的問題人物（一八七七年「墾首」陳輝煌假藉沈葆楨的「開山撫番」政策，結夥不良官兵，勒索花蓮噶瑪蘭人的加禮宛社。一八七八年噶瑪蘭人和撒奇萊雅人起兵反抗，聯合使用武力反對開山，突襲清軍營地。清軍反擊，原住民遭報復屠殺。撒奇萊雅人幾乎滅族，史稱「加禮宛事件」）。

一九三一年陳逸松從東京大學法學部畢業，通過日本司法考試，取得律師資格。一九三三年返回台北開設律師事務所，一九三五年當選台北市議員。一九四五年經由廈門軍統局的陳達元介紹認識張士德，張士德找陳逸松組織台北三民主義青年團，但是後來發現張士德並未被授權，陳逸松被踢出正牌改組的三青團。

一九四六年陳逸松當選國民政府參政員，二二八事件時陳逸松擔任「處理委員會」的主席及常務委員。陳逸松支持王添灯，但與蔣渭川不合。陳儀把陳逸松列為「首謀」，但陳逸松順利逃亡藏匿。事件後出任台北民國政府的考試院委員、中央銀行常務董事。一九七三年從美國轉赴北京，出任中華人民共和國全國人民代表大會常務委員，一九八三年赴美國定居，仍任中華人民共和國政府的全國政協委員。

三月五日

《二二八事件研究報告》稱：「三月五日，秩序已完全恢復。」但是同一份報告中，卻看到全台各地的衝突仍然不斷。

三日至五日，全台灣實際上已處在以「二二八事件處理委員會」爲名的各式地方政權統治之下，公署權力已被架空，因此，對處委會的所有要求均答應。台北市的秩序也逐漸平靜，外省人遭毆打、搶劫、強姦的事例，已大幅度減少。

台北市街頭各式團體積極活動，爭奪政治影響力，包括「台灣民主同盟」、「憂鄉青年團」、「學生自治同盟」、「海南島歸台者同盟」、「學生聯盟」、「興台同志會」、「台灣省警政改革同盟」、「青年復興同志會」、「若櫻敢死隊」、「台灣省政治改革委員會」、「台灣省自治青年同盟」、「海友會」。

「台中地區時局處理委員會」的各部組織完成。台中市黃市長被「民軍」所擄。

高雄「處理委員會」成立，由參議會議長彭清靠擔任主任委員，高雄中學成立民兵指揮總部，由涂光明擔任總指揮。

台南「處理委員會」推選省參議員韓石泉擔任主委，市參議會議長黃百祿、台南三民主義青年團主任莊孟侯兩人擔任副主任委員。與台灣其他地區比較，台南縣市算是相當平靜。據作家葉石濤的分析，主要原因是台南在清光緒元年（一八七五年）之前一直是台灣行政中心，該地居民是受官方教化最深的一群，且因地主階級多，不喜動亂，即使是升斗小民也喜歡過著寧靜的生活，對動亂有排斥感，才得以迅速恢復平靜[24]。

但其他縣市仍處於政變鬥爭的無政府狀態。

上午十時，陳漢平少將與嘉義士紳劉傳能分別向政府軍和民兵傳達嘉義《停戰命令》。

下午二時，困守嘉義機場的政府軍獲得飛機空投的補給品。

下午三時，嘉義市二二八事件處理委員會委員劉傳能、許世賢、張岳楊把《停戰命令》送達嘉義水上機場。

嘉義二二八民兵與來自台中、竹山、斗六、新營、鹽水港等地民兵，向嘉義水上機場發動總攻擊，占領水源與發電廠，切斷機場水電。原住民民兵也在湯守仁指揮下參與攻擊機場。雙方僵持到三月八日，嘉義幾乎是戰況最激烈的城市。

24 葉石濤訪談，引自行政院研究二二八事件小組，《二二八事件研究報告》，頁115。

即使嘉義已經出事，長官公署仍偏向以政治方法解決，主張「領導民眾，以民眾克服民眾」，嘉義市駐軍營長羅迪光、軍方代表陳漢平及嘉義士紳劉傳能赴嘉義市二二八事件處理委員會與陳復志協調，以阻止民眾對軍械庫及機場的攻擊。

下午，台北的「處理委員會」決議派陳逸松、王添灯、吳春霖、黃朝生等人赴南京陳情。

南京國民政府已決定派兵鎮壓，蔣介石電陳儀「已派步兵一團、憲兵一營，限本月七日由滬啓運。」參謀總長陳誠命令政府軍整編二十一師，連夜趕赴上海，準備搭船赴台灣。

五日，高雄市內軍政機關已被民兵占領，唯一未被攻破的只剩高雄要塞。民兵以日軍遺留的噴火車多輛逼近壽山，喊話要求投降，揚言若不繳械投降即用火攻。高雄要塞司令彭孟緝一面以日語廣播，要求民兵放下武器，否則將砲毀整個高雄市以作嚇阻，一面以七五砲八門集中轟擊高雄市體育場示威，民眾驚惶撤去噴火車，並再喊話願意「停戰談判」[25]。

25不著撰人，〈二二八事變之平亂〉，張炎憲等，《二二八事件責任歸屬研究報告》，頁245。

南京民國政府的「國防最高委員會」首度就二二八事件召開會議，對二二八事件已發生一周，陳儀仍隱匿消息，未向內政部、行政院、國防最高委員會報告，非常震怒，會議主席孫科痛批陳儀：「陳長官非撤職不可」，成爲會議結論。

三月六日上午

台北市區內商店恢復開市，恢復交通，學校恢復上課。

台北至新竹的鐵路交通也恢復。

基隆、淡水、新莊交通秩序也恢復。

但其他地區的外省人持續躲藏，被發現仍被毆辱，火車廂內外省人被發現，會遭毒打抛出窗外。

宜蘭「處理委員會」推選郭章垣擔任主任委員。

上午，陳儀向蔣渭川等十二名代表強調，必須遵守兩大原則：「一、台灣必須永爲中華民國之台灣，二、台灣必須不爲共產黨之台灣」，但情勢卻迅速惡化。

「二二八事件處理委員會」發表《告全國同胞書》，宣稱目標在肅清貪官污吏，爭取政治改革，不是排斥外省同胞，「部分外省同胞被打，只是出於一時的誤會，我們覺得很痛心」，卻故意隱瞞外省人死傷慘重的事實。

但另一方面，王添灯命令許德輝的「忠義服務隊」積極招兵買馬，擴大組織，武裝民兵。

陳金水、陳學遠、蔣時欽、張武曲、林士山等人領導的「台灣省自治青年同盟」，亦積極擴大民兵陣容。

> **陳金水**
>
> 陳金水（?-?），台北市人，二二八事件前沒沒無聞，三月五日被選為「台灣自治青年同盟」的「總部部長」時，聲名大噪。海外台籍日本兵剛好陸續返台，紛紛參加這個組織。陳金水主張武力推翻陳儀政府，是「二二八事件處理委員會」思想最激烈的要角。

「處理委員會」號召遠征海南島、南洋群島、新加坡、中國東北的台籍海陸日本兵、軍械技工到中山堂集中登記，組織二二八民兵，由白成枝領導，在老松國小和太平國小集訓。

「處理委員會」還下令台北市的旅館不准收留外省旅客居住。武力奪取政權，攻占行政長官公署的準備，正一步步往內戰的局面發展。

謝雪紅爲貫徹其主張，抗戰到底，將八個鄉鎮民兵部隊與結集的四百餘青年學生部隊、原住民部隊合併，別立品牌，取名「二七部隊」，紀念二月二十七日的查緝私菸引發暴動的事件，並自任總指揮。「二七部隊」的成員大多是海南島、菲律賓、紐西蘭遣送回台的台籍日本兵，有日本陸軍、海軍志願兵或學徒兵。「部隊長」鍾逸人曾任「日本陸軍囑託」、嘉義三民主義青年團的組訓股長、《和平日報》記者。「警備隊長」黃金島是「日本海軍陸戰隊員」。「參謀長」黃信卿是「日本關東軍陸軍少尉」。

黃金島

黃金島（1926-？），本名黃圳島，台中人。一九四二年參加日本海軍志願兵，參戰海南島侵略中國。一九四五年戰後被關進戰犯集中營，卻順利脱逃回台。適巧二二八事件爆發，加入謝雪紅的「二七部隊」，任「警備部隊」隊長，率兵於烏牛欄戰役戰勝。不久「二七部隊」解散，逃亡六年，卻順利報名參加政府軍徵召的海軍陸戰隊。一九五二年身分暴露被捕入獄，一九七五年出獄。黃金島與鍾逸人相同，都是台籍日本兵有參與侵略中國的罪嫌，在二二八事件時，又參加民兵組織以武力發動政變，卻在蔣介石的寬大政策下，未被處死。

由於黃金島當過日本志願軍，富有作戰經驗，參與二七部隊退入埔里後，與二十一師對抗，《前衛出版社》爲其出版《二二八戰士黃金島的一生》一書，另也常看到他的受訪記錄，黃金島因而聲名大噪，但是他出版的書，卻是錯誤百出。

陳儀看到暴動日增，電請蔣介石派兵來台。

蔣介石電陳儀：「政治上可以退讓，盡可能地採納民意，但軍事上則權屬中央，一切要求均不得接受。」

南京民國政府「國防最高委員會」決議：派大員宣慰、改制省政府、提拔本省人。

嘉義羅迪光營長在陳漢平少將陪同下，到處委會洽談進一步協議。

台南市面日趨安定，惟市面發現共黨之標語，午後全市男女學生數千人集合遊行。晚上八時，據高雄要塞第三總台（駐台南）項克恭台長稱，有十餘奸匪意圖潛入其駐地擾亂，經哨兵發覺，以猛烈火力擊退。

三月六日下午

基隆方面，四日起，市內已有傳單標語：「打倒陳儀」、「要求台灣自治」、「同胞們！國軍要來殺我們，大家要準備抗戰，不可使他們登岸」。六日下午，青年和學生數百人假大世界戲院舉行學生大會……惟要塞司令部指稱，該會「決議成立決死隊，企圖接收政府各機關，占領砲台……阻止內陸增援。當經破獲，並先後搜獲黃色炸藥二百箱」。官民間衝突似乎不斷，且有繼續增高之勢。

下午二時，台北方面，「二二八事件處理委員會」舉行大會，選舉林獻堂、陳逸松、李萬居、連震東、林連宗、黃國書、周延壽、潘渠源、簡檉堉、徐春卿、吳春霖、王添灯、黃朝琴、黃純青、蘇維果、林為恭、郭國基等十七人為「常務委員」，但王添灯成為實際領導人。大會並決議派員接管台灣銀行，強力管控已於四日及五日接管的台灣郵電管理局和公路局。

大會並通過王添灯找台灣共產黨員蘇新、潘欽信草擬的《處理大綱三十二條》，第一條即解除全台各地政府軍武裝，武器交給「處理委員會」接管，為武力接管「行政長官公署」做準備。第六條稱「政府之一切施策（不論軍事、政治），須先與處理委員會接洽」，第十二條要求撤銷警備總司令部。第十五條要求省政府主管的任命要經省參議會同意，省參議員的遴選要經「處理委員會」的同意，這等於「處理委員會」是台灣省政府的太上政府，也等於「處理委員會」政變全面勝利。

處理大綱三十二條

《處理大綱三十二條》全部內容如下：

一、對於目前的處理

1. 政府在各地之武裝部隊，應自動下令暫時解除武裝，武器交由各地處理委員會及憲兵隊共同保管，以免繼續發生流血衝突事件。
2. 政府武裝解除後地方之治安，由憲兵與非武裝之警察及民眾組織，共同負責。
3. 各地若無政府武裝部隊威脅之時，絕對不應有武裝行動，對貪官污吏不論其為本省人或外省人，亦只應檢舉，轉請處理委員會協同憲警拘拿，依法嚴辦，不應加害，惹出是非。
4. 對於政治改革之意見，可條舉要求條件，向省處理委員會提出，以候全盤解決。
5. 政府切勿再移動兵力或向中央請遣兵力，企圖以武力解決事件，致發生更慘重之流血而受國際干涉。

6.在政治問題未根本解決之前，政府之一切施策（不論軍事、政治），須先與處理委員會接洽，以免人們懷疑政府誠意，發生種種誤會。

7.對於此次事件，不應向民間追究責任，將來亦不得假藉任何口實拘捕此次事件之關係者。對於因此次事件而死傷之人民，應從優撫恤。

二、根本處理

甲：軍事方面

1.缺乏教育和訓練之軍隊，絕對不可使駐台灣。

2.中央可派員在台徵兵守台。

3.在內陸之內戰未終息以前，除以守衛台灣爲目的之外，絕對反對在台灣徵兵，以免台灣陷入內戰漩渦。

4.本省陸海空軍應儘量採用本省人。

5.警備司令部應撤銷，以免軍權濫用。

乙：政治方面

1.制定《省自治法》爲本省政治最高規範，以便實現國父《建國大綱》之理想。

2. 縣市長於本年六月以前實施民選，縣市參議會同時改選。
3. 省各處長人選應經省參議會（改選後爲省議會）之同意，省參議會應於本年六月以前改選，目前其人選由長官提出，交由省處理委員會審議。
4. 省各處長三分之二以上須由在本省居住十年以上者擔任之（最好秘書長、民政、財政、工礦、農林、教育、警務等處長應該如是）。
5. 警務處長及各縣市警察局長應由本省人擔任，省警察大隊及鐵道、工礦等警察即刻廢止。
6. 法制委員會委員須半數以上由本省人充任，主任委員由委員互選。
7. 除警察機關之外不得逮捕人犯。
8. 憲兵除軍隊之犯人外不得逮捕人犯。
9. 禁止帶有政治性之逮捕拘禁。
10. 非武裝之集會結社絕對自由。
11. 言論、出版、罷工絕對自由，廢止新聞發行申請登記制度。
12. 即刻廢止《人民團體組織條例》。
13. 廢止《民意機關候選人檢覈辦法》。

14.改正各級民意機關選舉辦法。
15.實行所得統一累進稅、奢侈品稅、相續稅不得徵收任何雜稅。
16.一切公營事業之主管人由本省人擔任。
17.設置民選之公營事業監察委員會，日產處理應委任省政府全權處理，各接收工廠礦應置經營委員會，委員須過半數由本省人充任之。
18.撤銷專賣局，生活必需品實施配給制度。
19.撤銷貿易局。
20.撤銷宣傳委員會。

這時高雄情勢嚴重，到處搶劫，軍隊退到高雄要塞司令部的壽山，殿後的士兵有三名被殺，只剩下醫院還有四十名士兵，也不敢出，當時暴民已搶下警察局的三百支槍，子彈五萬發，準備火燒壽山。

上午九時，高雄民兵頭子涂光明、曾豐明、林界率同高雄市長黃仲圖、參議會議長彭清靠進入高雄要塞談判，要求解除武裝。衆人圍在一桌，要塞司令彭孟緝坐在中間，市長黃仲圖、議長彭清靠坐在兩邊，涂光明坐在對面，高雄煉油廠副廠長胡新南壁觀。

代表團提「和平九條件」，要求軍隊繳械，集中左營，還要求放出鳳山軍火庫。彭孟緝一看勃然大怒，拍桌，大罵：「豈有此理，簡直是造反！」此時涂光明拔槍欲射，被彭部下拿下。不過，後來在二二八史料公布後，中研院的許雪姬把對暴民的不利資料加上「聽說」兩字，如「聽說涂光明帶了兩把槍」，原來口述資料是沒有「聽說」的[26]。行政院公布的《二二八事件研究報告》對涂光明所提的和平九條件也隱諱其內容不談[27]。

和平九條件

三月五日，高雄市軍政機關都已被民兵占領，唯一尚未攻破只剩高雄要塞。民兵以日軍遺留之噴火車多輛逼近壽山，喊話要求投降，揚言不繳械投降即用火攻。

六日上午九時，不知有詐的高雄市長黃仲圖、參議會議長彭清靠、及涂光明、范滄榕、曾豐明、台電公司高雄辦事處主任李佛續等六人上山，涂光明等提出和平九條件，包括[28]：

26 武之璋，《二二八真相解密》，頁8。
27 黃彰健，《二二八事件真相考證稿》，台北：聯經，二〇〇七年，「自序」，頁iii。
28 以上二段文字係摘自張炎憲等，《二二八事件責任歸屬研究報告》，頁245及252。

1.壽山要塞司令部駐地、左營、陸橋及市內各處軍隊全部停戰撤退。
2.一〇五後方醫院由二二八事件處理委員會接收並負責治療，軍隊除隨身武器外，由處委會負責保管。
3.台灣南部最大軍械庫五塊厝倉庫一切物品、藥品交處委會接收，軍火由處委會負責保管。
4.市民一切死傷應依台北市辦法賠償，對開槍士兵尤應處以極刑。
5.治安未恢復前，所有外省人不得下山，但所需蔬菜油鹽由處委會供給。
6.高雄市以外軍隊，一概不准侵入市區內。
7.被捕民眾即刻交處委會帶回。
8.雙方如有不法行爲，軍民共同嚴辦。
9.此次事件關係人員，事後不得追究。

曾任外交官（駐外公使）的民間人士潘明先生在評論這一段時，分別就「九條件」各點提出評論：包括要求「交出軍火」，槍械軍火是軍人的第二性命，怎可任意交由他人保管？要求「對開槍士兵尤應處以極刑」，開槍士兵是否涉及刑責自應追究，但是爲何「應處以極刑」呢？要求「所有外省人不得下山」，這不是非法限制人身自由嗎？要求「高雄市以外軍隊，一概不准侵入市區內」，但高雄要塞司令彭孟緝有權指揮高雄市以外軍隊嗎？要求「被捕民衆即刻交處委會帶回」，但違法被捕民衆不是應該依法究辦嗎？要求「雙方如有不法行爲，軍民共同嚴辦」，但違法行爲應該依法究辦，二二八事件處理委員會可以私設刑庭嗎？要求「此次事件關係人員，事後不得追究」，但違法行爲不是應該依法究辦嗎？怎能「不得追究」？[29]

這九條中，前三條是要求國軍停戰撤退，國軍繳械，並交出可裝備日軍六師團的鳳山軍火庫。陳儀在三月四日酉時即電令彭孟緝，守庫員兵需與倉庫共存亡，否則軍法論處，彭根本不可能接受涂所提出的條件[30]。

涂光明拔槍脅迫彭孟緝繳械，失敗被捕。涂光明曾是汪精衛魁儡政權手下的特務，不是年輕學生，但領導以高雄中學爲基地的學生民兵。彭清靠是彭明敏的父親，台灣的超級大地主，擁有土地四四〇甲，也是高雄三民主義青年團的總幹事。

陳儀與彭孟緝原本一直希望政治解決衝突。三月四日辰時陳儀電令彭，「應設法以

29 潘明，《《二二八事件責任歸屬研究報告》評述》，二〇一八年，自行出版。

30 黃彰健，《二二八事件真相考證稿》，「自序」，頁iii。

政治解決，應致力領導群衆，以民衆克服民衆」。故四日未時，彭即電呈陳，「職以政治方法處理，會同市府及參議會，商討善後辦法中」。五日彭並與左營海軍司令部商議，確守壽山、左營及各地倉庫；以兵力不足二千，寄望政治解決。五日戌時彭並電呈陳：「今日與黃市長設法晤商，共謀以政治方法解決。」七日電呈陳：「屏東暴亂，已面囑黃縣長以政治方法處理。」凡此，均可證彭的六日出兵平亂，完全是被迫[31]。

要塞司令彭孟緝判定情勢緊急，必須主動出擊，不顧陳儀禁令，隨即率軍隊下山，進攻被二二八民兵占領的高雄市政府及火車站，沿途掃射企圖阻擋政府軍前進的群衆和民兵，四小時後迅速收復被民兵占領的高雄市政府、高雄中學和高雄火車站。在高雄市政府內的「處理委員會」人員和民兵，有四十人被擊斃，受傷八十多人。黃仲圖市長事後向楊亮功提書面報告《高雄市二二八事件報告書》稱：「合計死一二五人，傷八十五人」。

彭孟緝是判斷情勢緊急後主動出擊，但是在日後的《二二八事件責任歸屬研究報告》中卻做以下結論，認爲整件事是彭孟緝的詭詐行爲。該報告稱：「彭孟緝既早已決

31 同前書。

定『武力平亂』，無論談判條件爲何，已不是重點。」利用這次談判的假動作，彭孟緝使民間代表深入壽山，先將民間行動「總指揮涂光明以行刺罪名逮捕，又對其他五位民間領袖限制行動，擒賊先擒王，顯見彭氏的詭詐」[32]。高雄事件到底是「官誘民反」還是「民逼官鎮」？讀者自己應可判斷。

中研院黃彰健院長在敘述這一段歷史時，有感而發：「如果彭屈從於涂的要求，讓暴民獲得武器裝備，則將使暴亂延長，台灣人民所受傷害更大。……彭孟緝處理高雄事件並未犯錯。高雄歷史博物館對二二八高雄事件所作簡介，完全根據《二二八事件研究報告》定本，誤導台灣人民，實在應改寫。」[33]

彭孟緝立刻電告陳儀平亂經過，可是半夜卻得到陳儀回電：「此次不幸事件，應循政治方法解決。據聞高雄連日多事，殊爲隱憂。限電到即撤兵回營，恢復治安，恪守紀律。謝代表東閔到達後，希懇商善後辦法；否則該員應負本事件肇事之責。」[34]

彭孟緝半夜看到陳儀這份電報，應有不同的想法。他是高雄防衛司令，即使上級長

32 張炎憲等，《二二八事件責任歸屬研究報告》，頁254頁。
33 黃彰健，《二二八事件真相考證稿》，「自序」，頁iii。
34 武之璋，《二二八真相解密》，頁88。

官原先有不許以武力方法解決的行政命令，但是在看到暴徒公然叛亂，濫殺無辜，又迫繳械投降，能不採取行動？行動後，在又接到這一份「應循政治方式解決，否則要負肇事之責」的電令指示，應不苟同。當事件本身正在迅速變質爲叛變的事實。如果遵照陳儀命令「撤兵回營」，等於是「屈服投降」，而且最後未必就能苟全自存。

爲了恐怕影響軍心，沮喪士氣，這份電報除彭孟緝與參謀長和機要秘書尹莘三人知道外，他人都不知道，保守了絕對的機密[35]。

彭孟緝

彭孟緝（1908-1997），湖北武昌人。黃埔軍校畢業，參加國民黨東征、北伐，抗日戰爭參加松滬會戰、長沙會戰，累功升中將，1946年來台任高雄要塞司令。二二八事件時武裝暴動頭目涂光明、高雄市長黃仲圖、高雄市參議會議長彭清靠（彭明敏父親）等人要求彭孟緝解除武裝，向民兵投降，反被彭孟緝逮捕，涂光明企圖綁

35 彭孟緝，〈台灣省二二八事件回憶錄〉，《二二八事件文獻補錄》，南投：台灣省文獻委員會，一九九一年，頁71。武之璋，《二二八真相解密》，頁88-89。

架彭孟緝被殺。彭孟緝迅即率兵收復高雄車站和高雄市政府，代表政府軍鎮壓二二八民兵有功，升任警備副總司令。

一九四九年四月六日奉陳誠命令，鎮壓有社會主義傾向的台灣大學及台灣師範大學學生，考古學家張光直是其中之一。一九五四年任副參謀總長，一九五七年任陸軍總司令，一九五九年任參謀總長，一九六六年任駐泰國大使，一九六九年任駐日本大使。一九七二年退休，一九九七年去世。彭孟緝常被台獨分子稱為「高雄屠夫」，但對蔣介石和蔣經國父子而言，彭孟緝是當時危疑震撼時刻，能果敢決斷處理危機的將領。彭孟緝殺涂光明，釋放黃仲圖和彭清靠，又顯現冷靜的判斷力，陳儀遠遠不如。彭孟緝的媳婦董小平是首任香港行政長官董建華的妹妹。

三月六日下午，王添灯廣播《二二八事件處理大綱》，即《處理大綱三十二條》。晚上八時三十分陳儀廣播，已請示蔣介石讓台灣省成立省政府、省議會，盡量由本省人擔任要職，並宣布七月一日起縣市首長直接民選。

黃朝琴電蔣介石：「台北民眾暴動實緣省署施政有失民心，積怨所致。」

中統局報告：「參加台灣暴動者多屬前日軍徵用之海外歸來浪人，全台約計十二萬人，投機者蔣渭川、王添灯等主張大台灣主義。」

晚間，一向與陳儀立場不合的國民黨台灣省黨部主委李翼中廣播：「此次事件……動機出於愛國、愛省，本黨實至表同情。」七日，李翼中飛抵南京，九日直接向國防部長白崇禧建議撤換陳儀，李翼中主張「先易長，後宣慰」，並說：「台人厭之矣，如愛陳儀不如速為去也」。李翼中代表國民黨部的立場，對白崇禧指稱如果軍方這麼愛護陳儀，就應該盡快把陳儀撤職。

但是情勢的惡化，還是被《民報》社長林茂生看出來，林茂生說：「台灣人一定會被消滅，我不知道如何防止這事發生，台灣人實在把事情鬧大了，政府與大陸人都想報復。」二二八事件後期的確有報復等不當情事，但報復範圍被楊亮功、白崇禧、蔣介石制止住。

南京民國政府「國防最高委員會」再度就二二八事件召開會議，結論是：廢行政長官制，改設省政府，派大員宣慰，省政府啓用台灣本地人。這是蔣介石後來指派楊亮功、白崇禧來台的起因。

陳儀面對這個壓力，自行呈電蔣介石，也主張改組為省政府，但不打算去職，要留下來負責改組省政府。

三月七日

中南部的武鬥學生民兵占領虎尾機場，攻擊濁水溪下游的政府軍。

彭孟緝部隊攻克高雄中學民兵基地，救出高雄中學臨時集中營內兩千餘名外省人。

彭孟緝部隊釋放三月六日拘捕的市長黃仲圖、議長彭清靠。

新竹縣成立「處理委員會」，推選黃運金擔任主任委員。

陳復志指揮的嘉義市民兵和湯守仁指揮的原住民民兵進攻紅毛埤彈藥庫，政府軍敗退，敗退前銷毀彈藥庫武器。政府軍保護一批外省的婦女及兒童，逃往嘉義水上機場。

王添灯領導「處理委員會」，再通過《處理大綱四十二條》，第一條仍爲解除政府軍武裝。晚上六時三十分，王添灯廣播《處理大綱四十二條》的內容。

「二二八事件處理委員會」卻因此分裂爲「溫和派」、「中間派」、「激進派」。「溫和派」的蔣渭川反對《處理大綱四十二條》，宣布退出「二二八事件處理委員會」。

「激進派」的王添灯、呂柏雄、許德輝、陳金水、顏欽賢秘密準備提前於三月十日以武力接管「行政長官公署」，再籌設「台灣省民主自治臨時政府」，由王添灯擔任

「政府主席」，顏欽賢任「工礦處長」，林宗賢任「財政處長」，陳金水任「軍政處長」，呂伯雄任「民政處長」，蘇新任「農林處長」，林日高任「警務處長」，電請謝南光回台任「教育處長」。

二二八事件的性質爲何？暴動？革命？近年來，也有人認爲是追求「政治改革」。從「二二八事件處理委員會」已經準備要武力接管行政長官公署，自任爲「政府主席」，應該已遠遠超過追求「政治改革」了。

《處理大綱四十二條》是在《處理大綱三十二條》外再追加十條。最特別的是外加第三條和第四條，要在三月十五日以前成立「處委會政務局」，負責改組「行政長官公署」，這兩個條款使原本已甚囂塵土的王添灯計畫全面政變的傳聞，更間接獲得證實：「處理委員會」即將在三月十五日前以武力接管台灣政權。

處理大綱四十二條

在《處理大綱三十二條》上再「外加十條」如下：

1.本省陸海軍應盡量採用本省人。

2.警備總司令部應撤銷，以免軍權濫用。

3.限至三月底台灣行政長官公署應改爲省政府制度，但未得中央核准前，暫時由二二八事件處理委員會之政務局負責改組，用普選公正賢達人士充任之。
4.處委會之政務應於三月十五日以前成立，其產生方法，由各鄉鎮區代表選舉該區候選人一名，然後再由該縣市轄參議會選舉之。其名額如下…（略）。
5.勞動營及其他不必要機構，廢止或合併，應由處委會政務局檢討決定之。
6.日產處理事宜，應請准中央劃歸省政務局自行清理。
7.高山同胞之政治、經濟地位及應享之利益，應切實保障。
8.本年六月一日起，實施《勞動保護法》。
9.本省人之戰犯及漢奸嫌疑被拘者，要求無條件即時釋放。
10.送與中央食糖十五萬噸，要求中央依時估價，撥歸台灣省。

事後參與其事的台灣共產黨員蘇新等人說，外加這十條是陳儀派特務混入「處理委員會」起鬨追加，以便作爲「處理委員會」叛亂的證據。這是互相怪罪的推卸之詞，試想，如果陳儀僅靠特務滲入「處理委員會」，就能做出這麼重大的決議，陳儀哪會在全台灣都失控。蘇新等人的說法不值得採信，何況蘇新參與起草的《三十二條處理大綱》，就陳儀的立場來看，已涉及叛亂，不差這外加十條。任何指控二二八事件是陳儀特務操縱的，跟指控二二八事件是中國共產黨運作的，都是亂中無緒的說法。當時參與二二八事件爭奪政權的共產黨員是台灣共產黨員，中國共產黨地下黨員的角色則是隱晦而不明朗的。

晚間六時三十分，王添灯廣播《三十二條處理大綱暨十項要求》。

晚上八時，陳儀拒絕接受《處理大綱四十二條》。

陳儀電蔣介石：「奸匪搜繳武裝，日本御用紳士煽動，退伍軍人（指台籍日本兵）反對政府，擬請除派二十一師全部開來外，再加開一師，至少一旅，並派湯恩伯來台指揮。」陳儀因與劉雨卿會有心結，要湯恩伯來台指揮劉雨卿的部隊，湯恩伯算是陳儀的門生。

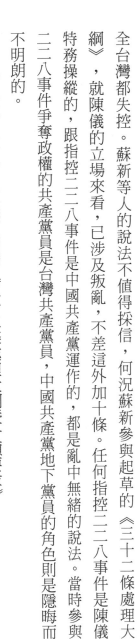

蔣介石回電：「二十一師直屬部隊與第一個團本日正午由滬出發，約十日晨可抵基隆」。

《處理大綱四十二條》一經公布，陳儀政府許多高官已備好飛機，準備隨時可以撤離台灣。基隆和高雄的海關部分高幹也早已遷移至福州辦公，台灣航業公司也由台北遷至基隆，並備妥船隻，緊急時可撤離台灣。

陳儀秘密下令集中台北市所有政府軍待命，柯遠芬也秘密準備再度戒嚴。

晚上十時，基隆衛兵開槍鎮壓企圖攻占基隆港務局、基隆市政府的二二八民兵。

晚間，蔣介石在三月七日的日記寫著：「本日全為台灣暴動。自上月二十八日起，由台北延及至全台各縣市，對中央及外省人員與商民一律毆擊，死傷已知者達數百人之衆，陳公俠不事先預防又不實報，及至事態燎原乃始求援，可歎！特派海、陸軍赴台增強兵力，此時共匪組織尚未深入，或易爲力，惟無精兵可派，甚爲顧慮。善後方策尚未決定，現時惟有懷柔。此種台民初附，久受日寇奴化，遺亡〔忘〕祖國，故皆畏威而不懷德也。」

三月八日

上午十時，在台北市被專賣局查緝員傅學通開槍誤擊死亡，引發二二八事件的陳文溪出殯，據說有數千人前往致哀。

中央社八日電：「忠義服務隊及青年學生，三日來日夜搜查此間外省人之住宅。彼輩聲稱『搜查民間槍枝』，然文件亦在檢查之列，並公開掠取金錢、手錶、衣服、物品而去。且沿整街搜查，甚至有一住宅竟被搜劫四次以上。彼輩除掠劫外，同時製造恐怖行爲。」

謝雪紅、鍾逸人的「二七部隊」馳援嘉義民兵，攻擊嘉義飛機場，山線鐵路戰事更加激烈，全線停駛。

南京國民政府的軍統局台籍幹部蔡志昌等四十餘人遭民兵逮捕、拘押、毒打。軍統局跟陳儀政府原本也不對盤，但民兵的作法卻反使軍統局跟陳儀結合在一起。

下午十二時，閩台監察使楊亮功率憲兵第四營，自福州搭海平艦抵達基隆，但二二八民兵控制港口，在港口邊與憲兵營及基隆要塞司令部的部隊對峙激戰，直到晚上十時楊亮功始能登岸。

下午一時，武裝民兵數十人襲擊高雄要塞，槍戰十幾分鐘。要塞司令彭孟緝揮軍屏東和旗山。

下午二時，武裝民兵攻擊基隆要塞司令部，有二名民兵被擊斃。

下午三時至六時，「中間派」的周延壽、黃朝琴、簡文發等認爲《處理大綱四十二條》太冒進，應改修正，提案通過《修正聲明》：「三月七日本會議決提請陳長官採納施行之四十二項條件，因當時參加人數衆多，未及一一推敲，例如撤銷警備總司令部，國軍繳械，跡近反叛中央，絕非省民公意……本會認爲改革省政要求，已初步達成，本會今後任務，厥在恢復秩序，安定民生，願我全省同胞速回原位……」

但「激進派」的王添灯、許德輝、顏欽賢、陳金水激烈反對這份《修正聲明》，會後立刻在「日華町國民學校」召集各武裝民兵負責人，秘密舉行會議，準備以武力推翻「二二八事件處理委員會」，改組爲「台灣省政改革委員會」。各個武裝民兵負責人更主張，在政府軍未開抵台灣之前，用閃電戰術，迅速用武力推翻陳儀的行政長官公署，攻占警備總司令部及各重要機關，但這些激進措施都未能付之實施。

中統局及憲兵司令張鎮向蔣介石報告：「暴徒把持台北廣播電台，各軍政機關無人辦公，嘉義、台中發現武裝高山族人。新竹、台南、彰化、花蓮、台東各地仍極混亂。」

蔣介石召見二十一師師長劉雨卿，並電陳儀：「二十一師第二團定明（九）日由滬出發。」

黃朝琴、李萬居、連震東、黃國書等「處理委員會」委員發表《重大聲明》，表明不同意「四十二條」。

警務處長王民寧廣播指出，要求政府軍解除武裝，成立「政務局」接管政府，已涉及叛亂。

晚間十時三十分，陳儀下令展開武力反攻，逮捕在中山堂及日新國小的「二二八事件處理委員會」要員，殲滅二二八民兵部隊。中山橋、圓山公園、東門町、前日本總督府、植物園一帶，機關槍和步槍一排一排響起。

台北城內四處響起槍聲。

中央社九日電：「台北徹夜槍聲未絕，死傷未明。」

晚上二十三時，武裝民兵數百人攻擊陳儀的長官公署、軍隊司令部、憲兵隊、圓山汽車修理廠，均遭擊退，是晚圓山出現大批遺屍。有人說這場戰鬥是陳儀布局演練給楊亮功看的，這說法不可信。因爲同一天，高雄及其他各地區的政府軍據點，都受到民兵的攻擊，並非獨特希罕的事件。在台北市攻擊陳儀政府及軍政機構的武裝民兵，主要是報復陳儀派兵突擊中山堂的二二八民兵，大都是隸屬於「忠義服務隊」裏的青年學生。「忠義服務隊」裏的地痞流氓民兵，反而是趁火打劫、兩面討好之輩。

第四節　政府軍的平亂綏靖階段

平亂綏靖階段分為兩個部分，平亂工作的重點包括：解散非法組織，查封報紙、學校和「反動刊物」，懲處「叛亂首要人犯」。清鄉的工作重點則有二：一是收繳散失的槍枝彈藥，另一是肅清事件的參與分子。

三月九日

凌晨二時，楊亮功與隨員劉啓堃自基隆乘坐憲兵卡車前往台北，途經七堵與八堵之間，遭夾道兩山間的民兵伏擊，劉啓堃被打斷三指，另一憲兵受重傷。楊亮功於凌晨三時半才抵達台北。楊亮功稱武裝民兵配有步槍、手榴彈、小砲。

凌晨，憲兵第二十一團一營（第五連）自基隆抵台北。

早上六時，陳儀宣布全台戒嚴，軍憲警全面布崗。從六時到十二時，台北城內仍然有陣陣密集槍聲。

台灣廣播電台一改每天從早上七時至晚上十二時的廣播放送，靜悄悄無人廣播。到了下午一時，電台突然廣播「撤銷四十二條聲明」，講完又靜寂無聲。

上午，陳儀下令解散「二二八事件處理委員會」，派兵逮捕「二二八事件處理委員會」「首謀人物」，有「處理委員會」的工作人員及民兵被擊斃。

上午，台南市參議會選舉湯德章、黃百祿、侯全成爲市長遴選人。花蓮縣參議會選舉張七郎爲縣長。

上午十一時，二二八民兵圍攻台灣廣播電台，與軍隊激烈戰鬥，民兵死三人，被俘十三人。

陳儀派警備總司令部查封《民報》，搗毀印刷廠，逮捕員工。

嘉義二二八民兵以加農砲攻擊被包圍在水上機場內的政府軍，但操作不當，戰果不佳。

下午二時，台灣廣播電台突然恢復廣播，報導：「基隆於八日下午二時，曾有青年暴徒百餘名，圖攻擊基隆要塞司令部，當與守軍發生激戰，暴徒被擊斃兩名，基隆旋即戒嚴。至台北市區之暴徒，亦於八日晚十時半分組發動攻勢，與在北投、士林、松山等郊外之暴徒匯合後，即開始向圓山海軍辦事處台北分處襲擊，其他暴徒則分別攻擊台灣供應局倉庫、警備總司令部、陸軍醫院、行政長官公署、台灣銀行等機關，即與守軍發生激戰。」

下午，嘉義市民兵與政府軍各自提出停戰或和平條件。

傍晚，嘉義市政府軍突襲劉厝莊的民兵，民兵十三死，一傷。

下午六時，政府軍於台北市圓山地區俘虜武裝民兵二十餘人。

劉雨卿率整編二十一師抵達台灣，主力於晚間登陸基隆，即分兩路進軍，一路在晚間挺進台北市與二二八民兵在市區內四處激戰，另一路挺進宜蘭、蘇澳，攻向花蓮。

從三月十日至十六日，陳儀政府以懲治叛亂爲由，逮捕槍決與二二八事件有關的人士，有些是涉及武力暴動，有些眞的涉及爭奪政權的「叛亂」，但也有的是證據錯誤，甚至是相關人員挾怨報復的冤案。

三月十日

政府軍部隊集結台北時，市區內並未遭遇任何反抗，二二八民兵化整爲零，隱蔽無蹤。

中午時，從上海開抵基隆港的劉雨卿部隊的四三八團於靠岸時，遭遇民兵和民眾阻擾，四三八團與基隆要塞部隊合力驅散，民眾和民兵多人傷亡。

嘉義二二八民兵與政府軍繼續交火對峙，政府軍的援兵抵達嘉義，下午「處理委員會」提出議和，政府軍拒絕。

原住民湯守仁率領的鄒族民兵撤回山上，其他縣市支援的民兵部隊也撤退。

蔣介石在「總理紀念周」講話，首度提及二二八事件，認為台籍日本兵及共產黨員乘機煽惑暴動。蔣介石的談話是符合部分事實，但卻沒明講清楚「共產黨員」是台共或中共。

台灣共產黨員以謝雪紅為代表。中國共產黨在一九四五年八月即派蔡孝乾為「台灣省工作委員會委員兼書記」，稱「省工委兼書記」，洪幼樵任「省工委兼宣傳部長」，張志忠任「省工委兼武裝部長」。張志忠、蔡建東組織「自治聯軍」，有北港隊隊長許木、新港隊隊長小林、朴子隊隊長老張、嘉義隊隊長蔡建東、小梅隊隊長陳日新及簡吉，共約二百人，接收北港、朴子警察局槍枝。三月四日攻擊虎尾機場，五日協助攻擊嘉義水上機場，十五日潰散。

蔡孝乾

蔡孝乾（1908-1982），彰化花壇人，青年時代參加台灣文化協會，後前往上海就讀上海大學。一九二八年加入中國共產黨，又參加設立台灣共產黨。一九三四年參加中共中央「二萬五千里長征」，是唯一參加長征的台灣人，也是中共少數精通日語的專業人才。一九四五年潛返台灣，領導中共地下組織，擔任中共台灣省工作委員會書記。

蔡孝乾是中共在台灣最高級別的領導人，一九五〇年一月遭國民黨特務機關逮捕，尋機脱逃，三月再度被捕，國民黨找到蔡孝乾的妻妹也是情婦的馬雯娟勸降。蔡孝乾遂叛離共產黨，向國民黨投降，供出四百多名中共黨員及一千八百多名中共在台特務和聯繫人員。中共在台黨組織、諜報組織、群眾組織因此暴露，幾乎全被瓦解。

一九五〇年，台北民國政府的國防部參謀次長吳石、吳石聯絡人中共女特務朱諶之，也因此案接連被捕槍決。本案也牽連到李友邦、嚴秀峰夫婦，李友邦遭懷疑被槍決，嚴秀峰入監十五年。蔡孝乾因叛降和瓦解共產黨組織有功，後來出任台北民國政府的調查局副局長。

台灣自治聯軍與中國共產黨的立場

台灣自治聯軍，爲一九四七年二二八事件爆發後，由張志忠，台南的李媽兜，斗六的陳篡地，北港的余炳金，嘉義的簡吉、許分，新港的陳明新，朴子的張榮宗等人，在台灣嘉南地區各地分別組織反抗國民政府的武裝民兵於名義上的合稱。台灣自治聯軍原名爲「台灣民主聯軍嘉南縱隊」，共有新港、朴子等八個隊伍，由前台籍日本兵、青年和一般民眾自發性臨時組成。其中的張志忠、李媽兜、許分爲中國共產黨台灣省工作委員會成員。台灣自治聯軍後遭國軍第二十一師圍剿而失敗。（《維基百科》）

自一九四九年中共建政以來，始終將「二二八事變」定調爲「台灣同胞反對當時國民黨當局專制統治的愛國、民主、自治運動，是中國人民解放鬥爭的一部分，是台灣同胞光榮愛國主義傳統的重要體現」。這樣的論點，自然是與民進黨，還有其他獨派團體將「二二八事變」視爲台獨運動起點的論調，存在著南轅北轍的差異。

不過有一點共產黨與民進黨卻存在相同的立場，那就是雙方同聲批判台灣省行政長官陳儀施政不當，並譴責蔣中正派遣整編第二十一師入台鎮壓所謂「二二八起義」的決定。換言之，無論是在共產黨還是民進黨的官方論述中，陳儀與蔣介石扮演的都是「壞人」，至於起來反抗台灣省行政長官公署與國民政府的武裝民兵與知識精英都是「好人」。共產黨與民進黨對「二二八事件」解讀的唯一差異，僅在於前者是從追求兩岸統一，後者是從追求台灣獨立的角度出發而已。

後來謝雪紅的台灣民主聯軍與張志忠的台灣自治聯軍合流，組成了台灣民主自治聯軍，也使參與「二二八事件」的武裝民兵有了更濃厚的共產主義色彩。

在國共內戰期間與國軍大打出手的解放軍部隊，沒有一個不是如同台灣民主自治聯軍一樣，是先以半獨立的地方民團武裝起家，再不斷擊潰與收編其他武裝勢力以後，再慢慢發展成正規軍的。遠在延安的中共中央無法直接指揮這兩支部隊的行動，但是仍透過廣播給予了他們精神上的支持。

若「二二八事變」是以台灣民主自治聯軍戰勝國軍爲結局，意味的不是台灣的獨立建國，而是台灣的提早「解放」。如同內戰期間擴編爲中國人民解放軍第四野戰軍的東北民主聯軍，台灣民主自治聯軍也很可能搖身一變直接成爲中國人民解放軍的第五野戰軍，就地配合北京中央掃蕩國民黨與地方仕紳在島內的殘餘實力，絕對不是憑空想像的劇情[36]。

36 中共於二〇一七年二月舉辦一系列的活動紀念「二二八事變」七十周年，許劍虹於當年二月七日在《中國時報》撰文，〈中共為什麼要紀念「二二八事變」？〉。

除謝雪紅外，台灣共產黨幹部的作用應該是補助性的，例如「二二八事件處理委員會」的要角王添灯是「主席團主席、常務委員兼宣傳組長」，曾擔任《人民導報》、《自由報》社長；他的秘書潘欽信；他的摯友也是省參議員的林日高；他的幕僚《自由報》的記者蕭來福、蔡慶榮、蘇新，都是台灣共產黨員。

政府軍展開各地搜查武裝民兵的工作。

林連宗、李瑞漢、李瑞豐遭憲兵逮捕失蹤。高雄岡山三民主義青年團團長也是長老教會牧師蕭朝金、台大學生余仁德被認爲以民兵控制岡山地區，遭逮捕處死。

《和平日報》是二二八事件時，反對陳儀政府立場最明顯的主要媒體，但《和平日報》是南京民國政府國防部的直屬報社，《和平日報》〈台灣版〉由浙江籍的李上根擔任發行人兼社長，於一九四六年五月五日在台中成立發行。《和平日報》的記者是二二八事件後遭陳儀清算最慘重的媒體，死亡者有：張榮宗、羅金成；遭長期羈押者有：鍾逸人、劉占顯；遭短期羈押者有：蔡鐵城、張岳楊、林永杰、李上根、楊逵；逃亡者有：楊克煌。

國民黨部中統局事後密報蔣介石：「九、十兩日國軍陸續開到，警察及警備部軍士即施行報復手段，毆打及拘捕暴徒，台民恐慌異常。……陳長官十日令憲兵……秘密逮捕國大代表林連宗、參議員林桂端、李瑞峰，及奸僞首要曾璧中等。」

■三月十一日

政府撤銷各地「二二八事件處理委員會」。

以「思想反動、言論荒謬、詆毀政府、煽動暴動之主要力量」爲由，查封《人民導報》、《民報》、《大明報》；以「未核准登記」爲由，查封《中外日報》；而以「擅發號外」爲由，查封《重建日報》。

《民報》社長吳春霖、《重建日報》社長蘇泰皆、《中外日報》董事長林宗賢、《大明報》社長艾璐生及總編輯馬銳籌、主筆王孚國、編輯陳遜桂、記者文野全遭逮捕。

國民黨省黨部宣傳處長林紫貴也遭羈押，陳儀政府所屬的《新生報》社長李萬居亦遭打得頭破血流。

上海《大公報》駐台辦事處遭封閉，北京上海駐台記者紛紛藏匿起來。

劉雨卿部隊的司令部及四三六團於拂曉時抵達基隆，即開赴桃園、新竹，且於下午肅清台北市二二八民兵，晚間空運一營兵力去嘉義機場解除被民兵包圍的政府軍。

王添灯遭政府軍憲兵隊逮捕，立即被處決。王添灯是陳儀認定的三十位「二二八首惡」的第一人。

王添灯

王添灯（1901-1947），新北新店人，成淵中學畢業，有抗日思想，曾遭日本殖民政府拘留。一九三〇年起積極參與地方自治運動，一九三二年開設茶行，生意遍及中國大陸和東南亞，還出任台灣茶葉株式會社董事長，一九四五年改制為台灣茶葉公司，仍任董事長，陳儀的秘書長葛敬恩的弟弟葛敬應任總經理。王添灯和葛敬應兩人衝突不斷，但因葛敬恩的關係，王添灯始終有名無權，與陳儀政府的矛盾越結越深。

一九四六年王添灯被推選為省參議員，強烈批判官僚貪污腐敗，又先後創辦《人民導報》和《自由報》抨擊陳儀政府。一九四七年二二八事件爆發，王添灯被選為主席團主席、常務委員、宣傳組長，其親信幕僚蘇新、潘欽信、林日高、蔡子民、蕭友山都是台灣共產黨員。王添灯的立場屬於「激烈派」，試圖以民兵武力推翻陳儀政府，與「溫和派」的蔣渭川敵對。王添灯是「二二八事件處理委員會」最有權力的領導人，被陳儀列為首位制裁對象。

王添灯是否為共產黨人？這一點有不同的看法。共產黨人蘇新在〈王添灯先生事略〉一文中，提及在二二八事件兩周年時，他與蕭友山的對話。蕭在得知王添灯死亡情形時說，「蔡（指中共地下黨在台灣的領導人蔡孝乾）說過，王添灯在我們黨最困難的時刻，爲黨犧牲了，我們黨正需要更多的像王添灯這樣的開明資本家……」。蘇新當時回應說：「是啊，在黨最困難的時刻，爲黨出力，爲黨犧牲了……」[37]不過，認爲王添灯爲共產黨人的說法，尚待查證。

《民報》創辦人也是台灣大學教授林茂生、《人民導報》社長宋斐如、《台灣新生報》總經理阮朝日和編輯吳金鍊被捕失蹤。台灣信託董事長陳炘、醫師施江南、台北市參議員黃朝生、徐春卿、李壬貴、陳屋被捕失蹤。淡水中學校長陳能通、新竹檢察官王育霖被捕失蹤。

林茂生

在二二八事件中，林茂生（1887-1947）是一個非常特別的人物[38]。他的一生就是台灣近百餘年來認同混亂所造成的悲劇。林茂生曾經崇日，又希望中國能夠贏得抗

---

37 蘇芸芸編寫，《證言二二八》，台北：人間出版社，民國七十九年，頁59。

38 林茂生的事蹟，參考戚嘉林，〈林茂生二二八之死〉，《旺報》，二〇一五年三月一日起連載至三月十日。

戰，爲國府所重用，後來卻又相信美國情報人員的台獨說，最終不幸遇害。

林茂生是屏東人。台灣人第一位留學美國的博士，號耕南，生於台南，爲台灣南部基督教界長老林宴臣（後改名燕臣）長子。林燕臣爲清末秀才，他的老師是台南舉人郭老爺，十分賞識其才華，並將女兒郭寬許配給他。

一九〇四年，林茂生入長老教會中學就讀，時年十七歲，成績名列前茅。一九〇八年一月赴日本。一九一六年林茂生畢業於東京帝國大學，成爲台灣人獲得日本最高學府文學士的第一人，並於是年返台，時年二十九歲。

一九二〇年十月三十一日大正天皇生日「天長節」的這一天，林茂生在報紙上發表〈國民性涵養論〉一文，自謂已同化爲內地人矣。林茂生以認同日本，作日本人爲榮，並抨擊拒絕皇民化的台灣人是「國家觀念皆無之台灣人」，並抨擊「國家觀念，皆無之台灣人……云云。」

此文一出，在台灣的知識分子圈內，引起軒然大波，受到台灣人強烈的批判，吳三連（台灣台南學甲人，曾任台北市市長）指斥他：「足下（林茂生）爲日本領台二十餘年來第一代學士、第一回高等官、第一次教授，其名聲之赫赫，與夫所得地位皆屬第一」，「晏然不知恥辱，何其醜態乃爾……殊令人驚愕不已。」黃玉齊（台灣省彰化縣人，台灣省文獻委員會委員）諷刺他：「木本水源賣祖求榮……」

在歷時十四年，台灣菁英大規模參與的台灣議會設置請願運動，其主要關係人名單中，當然也不會有林茂生。戴國輝是如此形容林茂生：「林茂生既一心巴望日本當局垂青賞識，畀予高教職，以遂所願，當然生怕觸怒總督府，壞了生平大願，也就不戮力於文化協會的抗日活動。」[39]

相對地，林茂生受到日本殖民政府看重。一九二七年三月十四日受台灣總督府之命，奉派以「台灣總督府在外研究員」身分併獎學金赴美深造。此一徵召並提供林茂生獎學金赴美留學的案件，在整個日據時期，只此一件。換言之，台灣總督府可說是以專案處理林茂生留學事。

林茂生在美國紐約哥倫比亞大學研究所攻讀教育與哲學，一九二八年夏，取得文學碩士學位，繼續攻讀博士學位。一九二九年十一月，林茂生獲哥倫比亞大學哲學博士學位，是台灣人在美國獲得博士學位的第一人。他的博士論文題目是《日本統治下

39 戴國輝、葉芸芸，《愛憎二二八：神話與史實：解構歷史之謎》，台北，遠流出版社，一九九二年，頁346。

台灣的學校教育：其發展及有關文化之歷史分析與探討》。

一九三一年一月，林茂生衣錦還鄉，繼續在台南長老教中學任教。五月間，奉派任台北高等商業學校教授，林茂生雖心中不願，但因公費留學，不得不從命。是年，林茂生派爲府立台南高等工業學校教授，出任英語德語科主任兼圖書課長，爲正五位，相當於現今台灣中級公務員的薦任官。

斯時，日本官吏發放薪水，是將每人應得金額以現金置於月給紙袋內，日人有六成加俸，又有家族津貼，兩項合計與薪俸相當，亦即總額約倍於台人。故林茂生每次領到月給袋時，便痛感自己遭日人歧視而憤憤不平。

此外，林茂生畢業於東京帝國大學，但只是府立台南高等工業學校的教授，十餘年如一日地只教語文，既不升官，也不調職。論學養，論資歷，如果他是日本人，在學界，早已出任校長；在官界，除非是反調分子，或自暴自棄不堪造就，多可登上各省次官的地位。因爲他是台灣人，只能坐冷板凳，眼見一批批後來居上，個個飛黃騰達，故憤懣不平。

戴國輝評說：「林茂生雖已盡力以溫和姿態敷衍日本當局，卻始終未能如願。其實林茂生沒有搞清楚……杜聰明所以能獲日本當局青睞，刻意抬高杜聰明的地位，做爲樣板（註：用以對抗其同班同學的蔣渭水醫師），以達安撫收編台灣醫界人士的目的……而林茂生只是一介文人書生，只不過是英、德文的語文教師，無錢無勢，抗日運動也不甚有力，用不著爲招安對象。一俟光復，林茂生卻忙著向百姓及祖國表態，惟恐晚搭了「光復號」的巴士，積極地接受了《民報》社長的『空銜』，坐上了《民報》激進少壯派抨擊長官公署的『台報轎子』而不覺……」[40]。

一九四五年八月十五日，日本投降。不知是何原因，日方記載林茂生曾從事台灣獨立運動。據日本《第十方面軍復員史資料》日文原始檔案及《林獻堂日記》記載，戰敗後林茂生及其他有志於台灣獨立運動者，有逐漸蠢蠢欲動跡象，台灣方面軍司令官兼總督安藤利吉，將該運動有力者邀集到司令部，極爲明確地表示反對，告以若諸君仍堅持要做的話，不得已，將以日本軍實力斷然處置。

台灣光復當時，日據時期曾前往祖國求學的台灣人，盼組成團體，在中華民國新政府之下，以其經驗而有所作爲，乃於一九四五年九月二十二日在台北江山樓成立「台灣留學國內學友會」，並於十月二十五日發行《前鋒》創刊號，其中刊載林茂生

40 戴國輝、葉芸芸，《愛憎二二八：神話與史實：解構歷史之謎》，頁347。

的〈祝詞〉。林茂生在〈祝詞〉中嚴厲批評日人惡政，並以〈八月十五日以後〉短詩表達其歡迎祖國光復台灣。

台灣光復後，林茂生受到重用。十月七日，台灣慶祝國慶籌備會成立時，被推爲七名主席團代表之一。十日於公會堂國慶大會上發表演說。十一月一日起聘爲國立台灣大學教授、校務委員，期間代行文學院長職務。

但是，在當年五月三十日，林茂生的公子林宗義從日本回來，當晚兩人徹夜長談，據他公子回憶，當時林茂生稱：「他們中國人口口聲聲說我們是同胞，事實上，他們對待我們，比日本人對待我們還不如。所有的官位、所有的權勢、所有的好處，他們樣樣都霸占，把台灣人當工具、當奴隸，認爲台灣人卑賤。光復到現在，他們中國人還沒提過一句『台灣應如何建設』的具體計畫，還沒有找台灣人參詳未來情勢的打算。戰後，百業殘破，急待復原，中國人對台灣的農業與經濟，什麼都不懂，只知道想辦法管台灣人。台灣人沒有社會地位，又沒有機會參與政治。台灣一片黑天地暗。」

更值得觀察的，當晚林茂生稱：「照國際法，中國不能算是台灣的統治者。是麥克阿瑟要蔣介石指派人來接受日軍的投降和武器。只不過，中國卻派出前進指揮所，把台灣視爲占領地，視爲收回的版圖，一切的處理方針以此爲準則，連美國領事館的人或軍事人員，都無法參與其事，受其排斥。……戰後各國的命運，像是戰敗國的處置，領土重劃問題或是主權轉換問題，世界輿論曾發揮驚人的力量，但是，我們沒有機會讓他們知道。」

事實是，美方駐台北領事館官員已經與林茂生有了接觸。林茂生之子林宗義回憶稱，斯時美國駐台北領事館副領事葛超智（George H. Kerr）曾數次探望林茂生。林茂生與葛超智接觸，可能由於林茂生爲留美博士且英語流利，致爲葛超智相中，數次探訪。

黃紀男於一九四七年一月十五日曾草擬一份致馬歇爾將軍的〈台灣人請願書〉，計一四一人簽名、代表七〇八人。該請願書結論稱：「改組台灣省政府的最迅速方法，端賴聯合國接管台灣，切斷與中國之政治經濟連帶關係，以俟完全獨立。」

一九四七年三月十三日陳儀呈蔣主席文附件〈辦理人犯姓名調查表〉中，所列林茂生的罪名有三：一、陰謀叛亂，鼓動該校（台灣大學）學生暴亂；二、強力接收國立台灣大學；三、接近美國領事館，企圖由國際干涉，妄想台灣獨立。

其首條罪狀，很可能與上述參加台獨遊行的活動有關。至於第三條罪狀，就是超越了陳儀的台獨紅線。

陳儀認定這是「台獨請願書」，這一四一人涉嫌叛國，應處以軍法，部分人在三月十一日至十六日被迅速槍決，其中之一就是林茂生。

三月十六日，閩台監察史楊亮功視察台灣大學回來，順路訪問在台養病的白鵬飛先生（廣西大學校長）。白告訴楊亮功有關林茂生被捕事。楊亮功為這事去見陳儀，詢問林的被捕事，陳儀卻說，林是因搞獨立運動被捕，陳儀並對楊亮功講了些林怎樣搞獨立運動的話，但未答覆楊亮功處理林茂生的辦法。楊亮功回到監察使署辦公處後，再電話找陳儀的顧問沈仲九，要他們慎重處理林茂生的案子，沈亦含糊答覆。後來才知道當楊亮功查問時，林已被處決了。

原本是日本人的台南市民兵負責人湯德章被逮捕槍決。

林宗賢、郭國基遭監禁，蔣渭川在國民黨省黨部指導員楊鑫茲、組訓處長徐白光掩護下，逃亡藏匿，躲過一劫。

晚間，陳復志、陳澄波、潘木枝、柯麟、盧炳欽、劉傳能、劉傳來、邱鴛鴦、林文樹等人代表「二二八事件處理委員會」及民兵部隊，赴嘉義水上機場找政府軍「和平談判」被逮捕。只有劉傳能、劉傳來、邱鴛鴦、林文樹被釋回。陳澄波是嘉義三民主義青年團的幹事，也是市參議員，盧炳欽是青年團的書記。

陳澄波

陳澄波（1895-1947），嘉義人。一九二四年入東京美術學校就讀，一九二六年以〈嘉義街外〉油畫聞名全台。一九二九赴上海任教，一九三三年返台，一九四六年加入國民黨，並當選嘉義市參議員。一九四七年參加嘉義「處理委員會」，參與民兵工作被槍決。

二〇〇二年陳澄波的畫作〈嘉義公園〉在香港佳士得拍賣五七九萬四千港幣，二〇〇六年〈淡水〉畫作在香港蘇富比拍賣三四八四萬港幣，二〇〇七年〈淡水夕照〉在香港蘇富比拍賣五〇七三萬港幣。

下午五時許，有飛機在台北上空，散發蔣介石的聲明，表示寬大處理參與二二八事件的學生和民衆。

陳儀的台灣省警備總司令部公告：「凡有軍警及人民，於戒嚴期間，尋仇報復，及搶掠姦淫者，經授權憲兵張團長，准予就地正法。」

三月十二日

劉雨卿率政府軍進攻桃園、新竹、台中，且空運部隊到嘉義機場，被民兵包圍的政府軍因此解圍，救出所有被拘禁在嘉義國民黨市黨部、市參議會、中山堂的外省人。

在中部，謝雪紅率「二七部隊」民兵撤退至南投，改稱「台灣民主聯軍」，四處搜索外省人。「二七部隊」原先想控制日月潭發電廠，萬一兵敗，還可退入霧社或中央山脈。

南投的外省人紛紛逃亡，南投埔里菸酒配銷商謝添發將埔里酒廠廠長李正籌等三十多位福建福州籍的員工及眷屬，收容在「烏牛欄社」附近的古厝「寶樹堂」，距三月十六日「烏牛欄戰役」地點只有一百公尺。埔里醫生童江立替「二七部隊」搜索外省人藏匿處，後來變換立場，嚮導政府軍進入南投埔里。

「二七部隊」在南投四處宣傳，企圖說服地方頭人，或獲得原住民協助，都吃閉門羹，士氣開始瓦解。

在北部，政府軍進入瑞芳山區搜查民兵，進入淡水搜查淡水中學。有六名憲警人員進入忠義服務隊總隊長許德輝的「互正公司」抓捕許德輝，許德輝逃逸，兩名忠義服務隊員賴金圳、惠澤當場被擊斃。許德輝一方面是台北市大流氓，一方面搞民間和地下金融，經營「互正公司」，就是台灣式的合會儲蓄公司，該公司後來與「台北區合會儲蓄公司」合併，最後輾轉併入永豐銀行。

嘉義市駐軍營長羅迪光率兵進入市區，有嘉義仕紳在嘉義市政府前列隊歡迎。在南部，政府軍在屏東逮捕槍決「處理委員會」召集人葉秋木。葉秋木是屏東市參議會副議長，也是三民主義青年團屏東分團部的總務股長。

蔣介石宣布特派國防部長白崇禧赴台宣慰，並調查二二八事件發生原因，但三月十七日才成行。

陳儀的台灣省警備總司令部公告：「在全省戒嚴期間所有『二二八處理委員會』經飭一律撤銷，以後如有此類組織，准由各地駐軍解散之，除電令各地駐軍執行外，特再公告周知。」這是陳儀軍事統治台灣的宣告，但南京民國政府要撤職查辦陳儀的聲浪，從三月五日開始到這一天，越來越大。

《台灣新生報》總經理阮朝日和總編輯吳金鍊遭陳儀派人逮捕，立即押赴台北市六張犁公墓槍決，罪名是兩人於三月八日秘密召集報社各單位代表舉行「改進促進會」，企圖奪取報社控制權，陰謀叛亂，但本案的事證、罪名、處刑，都不符比例原則。

三月十三日

劉雨卿率政府軍進入台中，在市區擊潰民兵，攻克彰化，進駐嘉義，與嘉義空運部隊會合，攻克台南、高雄。

困守嘉義水上機場的政府軍，重回嘉義東門町軍營。

高等法院法官吳鴻麒遭兩名便衣人士強行押走，法院攔阻無效，報請柯遠芬調查，柯遠芬回覆查無結果。吳鴻麒與二二八事件完全無關，疑是遭狹怨乘機報復的冤案受難者。

陳儀於十三日呈報蔣介石所列舉的主犯名單計有：王添灯、徐征、李仁貴、徐春卿、陳炘、林茂生、宋斐如、艾璐生、阮朝日、吳金鍊、廖進平、黃朝生、林連宗、王名朝、施江南、李瑞漢、李瑞峰、張光祖，及兩位日本人，堀內金城、植崎寅三郎，共二十人。惟在此正式名單旁，又有潦草寫出的人名七人，即白成枝、蔣渭川、陳屋、林日高、王萬福（得？）、張晴川、呂伯雄等，推測可能是電文發出後，另外添加的。

下午五時，蔣介石電陳儀：「陳長官，請兄負責，應嚴禁軍政人員施行報復，否則以抗令論罪，中正」。

三月十四日

政府軍攻克屏東，同時也在南投埔里與「二七部隊」民兵接戰。

政府軍在雲林斗六與陳篡地率領的民兵激戰，四月六日陳篡地的民兵部隊瓦解，率領全體隊員逃往嘉義附近的小梅山中。但陳篡地有越南作戰的經驗，續打游擊戰，雙方纏鬥至五月十六日，這場「小梅、樟湖戰役」，陳篡地兵敗逃亡，躲藏至一九五二年才被捕，但在蔣介石寬大政策下，一九五三就獲釋，續行醫至一九八六年去世。

陳篡地

陳篡地（1907-1986），彰化人，也是謝東閔就讀台中一中的同學，留學大阪醫專，具左派思想，曾加入日本共產黨外圍組織，回台後在雲林行醫。第二次世界大戰期間被日本殖民政府徵召爲軍醫，赴越南當侵略者，卻在越南脫離日本軍隊，輾轉加入胡志明的「越南建國同盟」，與胡志明的部隊並肩作戰，習得游擊隊的軍事技能。陳篡地從胡志明部隊取得「兩把自動步槍、三把騎兵步槍、兩箱手榴彈、一架擲彈筒」，返回台灣島。二二八事件發生時，陳篡地利用這些武器彈藥，組織「斗六隊」

民兵，攻打虎尾機場。劉雨卿的政府軍與陳篡地的民兵在雲林斗六爆發街頭戰，陳篡地兵敗，退往嘉義梅山鄉及雲林古坑鄉樟湖村附近山區打游擊，直到五月十六日才結束。梅山鄉古稱「小梅」。

三月十五日

二二八民兵的武裝行動，從攻勢轉爲守勢，再轉爲頽勢，較正式的戰鬥只剩下政府軍與謝雪紅、鍾逸人的「二七部隊」民兵在日月潭對抗。不過，也有當時是陸軍二十一師一四五旅四三三團第一營營長賈尚誼統率的部隊七百人，三月九日晨於基隆碼頭登岸，立刻搭乘火車至台中，進軍霧社追捕謝雪紅，三月九日至八月中秋，分別駐過埔里、集集、水裡坑、日月潭、嘉義、屏東、東港、林邊等台中以南地區維持治安，六個月中，未打過一槍、射過一彈、未傷過一人，假如他所述不實，慘遭天譴。如果賈營長所說可印證，二七部隊避走埔里後，並非傳說中的聲勢浩大，否則政府軍豈能未打過一槍、射過一彈、未傷過一人[41]。

台北市警察局刑事警員陳清池、凌水詳、林銀波報稱：「奉令前往南港地方偵查被槍殺死屍八具，係三月十五日深夜十二時許，南港橋邊忽聽槍聲數發，次晨發現死屍八具，死者是台灣省高等法院推事吳鴻麒四十九歲、台灣省專賣局菸葉公司委員林旭屏四十四歲、華美醫院醫師鄭聰四十七歲、新莊豆干商周淵過二十六歲、林定枝二十三歲，姓名不詳死者有：日本人約四十歲、不明者約二十歲、不明者約三十四歲。」這八人死因究竟是何人所爲，八人之間又有何關聯，經楊亮功、白崇禧先後下令調查，始終查不出結果。

蔣介石親自下令調查吳鴻麒案，亦無結果。國民黨主席吳伯雄是吳鴻麒的侄子，吳伯雄的父親吳鴻麟是吳鴻麒的孿生兄弟。

41 二〇〇九年三月十三日中天新聞報導。二〇〇九年二月二十八日賈尚誼將軍於舊金山「台灣二二八事件真相說明會」。出自張淯清，《二二八事件死傷人數真相探討》，高雄：自行出版，二〇一四年，頁410。

三月十六日

「二七部隊」民兵在鍾逸人、黃金島率領下與政府軍在烏牛欄對戰，戰鬥一開始，民兵占地利之便，不利國軍，但到晚間原住民不支持，作戰經驗也不足，民兵宣告解散。謝雪紅以「保存實力」爲由，丟下「二七部隊」逃到高雄港，經海軍技術員教官蔡懋棠協助，搭上政府軍艦逃離台灣。

爲了趕二二八事件「政治正確」的風潮，南投縣政府於二〇〇四年在埔里鎮愛蘭橋頭設置的二二八事件紀念碑，其主要是爲了紀念「二七部隊」在一九四七年發起的烏牛欄戰役。如果南投縣政府瞭解，「二七部隊」並非是紀念碑文所稱的「學生軍」，而是當時要推翻國民政府的共產黨所主導的部隊，還會如此處理嗎？讀者會覺得可悲還是可笑？這不就是無知所帶來的黑色諷刺嗎？

政府軍則與陳篡地領導的民兵在嘉義梅山對戰。

政府軍與雲林斗六民兵展開街道戰，民兵敗退，撤往古坑鄉樟湖村，占據樟湖國小和樟湖警察派出所。

三月十七日

政府軍擊潰二二八民兵及原住民部隊，攻占南投埔里及整個花蓮。

嘉義市附近的小梅、溪口、新港、朴子、北港續有民兵與政府軍戰鬥。

宜蘭二二八事件處理委員會主任委員也是宜蘭醫院院長郭章垣被逮捕槍決。

蔣介石派白崇禧來台視察撫慰，要求軍警不應報復，嫌疑犯應移送審判，青年學生免責。副參謀長冷欣、三民主義青年團第二處處長蔣經國隨行。這是三十七歲的蔣經國首度踏上台灣島，他當時一定沒想到，他這輩子最大的成就，將是在台灣施展他的政治領導才能。

白崇禧以國防部長名義發布宣字第一號《國防部布告》：「此次台省發生不幸的事實，使人心騷動，社會不安，中央格外關懷，並已決定採取寬大為懷的精神來處理。在確保國家統一的立場，並採納台胞眞正民意的原則之下，以求合理的解決。」該公告的重點是：「參與此次事變，或與此次事變有關之人員，除煽惑暴動之共產黨外，一律從寬免究」，以及「改台灣省行政長官公署制度爲省政府制度」、「台省各縣市長，提前民選」、「省政府委員及各廳處局長，以盡先選用本省人士爲原則」。更重要的是，由行政院及經濟部直接插手推翻陳儀的公營經濟管制體制，縮小民生工業的公營範圍。

■三月十八日

政府軍營長羅迪光奉令在嘉義火車站前槍斃陳復志。

陳儀政府清算報復二二八武裝民兵領導人，有個很特殊的現象，具有國民黨員身分者，被處死刑，如陳復志、陳澄波；不具國民黨員身分者，只判徒刑，如鍾逸人、黃金島；有的甚至直接開釋，如陳篡地。

■三月十九日

至三月十九日，台灣的動亂大致已平息，只有少數不到二千人的台共分子（二七部隊）散處新竹、台中、嘉義等山區。

■三月二十日

陳儀發布《台灣省縣市分區清鄉計畫》，要各區收繳民間武器、連保連坐、清查戶口、鼓勵告密、便衣巡邏、撲滅「暴徒」。但魏道明接任省政府主席後，即廢止《清鄉計畫》。清鄉的工作重點有二：一是收繳散失的槍枝彈藥，另一是肅清事件的參與分子，包括清查戶口、搜捕暴徒、辦理連保切結、公布自新辦法。

第五節　恢復秩序階段

■三月二十二日

國民黨第六屆第三次中央委員會通過決議：「陳儀應撤職查辦」。蔣介石因繼任人選未定，將《陳儀撤職查辦決議案》擱置到四月二十二日，才將陳儀撤職，也未查辦，事後又派陳儀出任浙江省主席。

■三月二十三日

政府軍營長羅迪光奉令在嘉義火車站前槍斃蘇憲章、盧鎰等十一人。

政府軍進攻雲林古坑鄉樟湖村的民兵基地，民兵瓦解，陳篡地逃亡回到彰化二林。

三月二十四日

陳儀致電南京民國政府文官長吳鼎昌說：「台灣人七次向英美領館要求託管」，這是陳儀的自我辯解，美國領事館只於三月三日收到一份《台獨請願書》。

三月二十五日

嘉義憲兵隊長彭時雨奉令在嘉義火車站前槍斃陳澄波、潘木枝、柯麟、盧炳欽等四位市參議員。

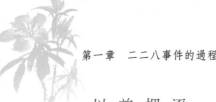

三月二十八日

由於平亂工作較預期順利，叛亂也非想像中有組織地武力對抗政府軍，因此，政府逐漸放寬管制的強度。白崇禧在台北賓館指示二二八善後六要項：一、拘捕人犯：現押、已處決之人數、姓名及處決機關須在其（指白崇禧）留台期間呈繳。在押人犯，除首要外，從寬處理。二、逮捕人犯規定：限共產分子與事變的首要主犯、執行逮捕機關以警總命令行之，人犯須速予依法審判、結案。三、學生：一律即行復課，復課後，除共產分子外，不特逮捕，如有不軌，由校方依校規處罰。四、綏靖工作由縣市政府行政人員辦理，軍隊協助。五、受傷的公務人員及人民無衣無食者，予以緊急救卹。六、軍紀須嚴格整飭維持。

四月三日

台北地方法院判處二月二十七日緝私案的傅學通死刑，葉德耕四年六個月徒刑，其餘四位查緝員無罪。

四月四日

花蓮張七郎、張果仁、張宗仁被捕處死。

張七郎案是二二八事件最不可思議的處死案件：第一，四月四日早已過三月十七日蔣介石下令停止報復清算的命令期限。第二，張七郎、張宗仁、張果仁父子三人同因叛亂罪被逮捕處死，卻無叛亂證據。第三，張七郎父子被指控組織「暗殺團」，也無實證。第四，張七郎當時尚臥病在床，也未參加「處委會」或任何反政府的活動。第五，當時被逮捕的尚有張七郎的次子張依仁，卻因「軍醫」身分被釋放。這個案件實在很像被設局到匪夷所思的冤案。陳儀已被撤職，誰主導此案始終成謎。

省參議員馬有岳帶頭成立花蓮的「二二八處理委員會」，且籌組民兵，只遭通緝，未被判刑，事後仍續任省參議員，從未參與二二八事件的張七郎更應該沒事，沒想到反被冤殺。

張七郎

張七郎（1888-1947），新竹客家人。台灣總督醫學校畢業，擔任醫師、制憲國大代表、花蓮縣議會議長。二二八事件時，張七郎並未參與，但一九四七年四月一日劉雨卿的獨立團在花蓮「清鄉」時，原縣長張文成向保密局台灣站站長林頂立的密報稱，張七郎組織暗殺團，保密局將「情報」未經任何查證、審判，交給獨立團，獨立團派第五連連長董至成處決張七郎。張七郎在四月四日不清不楚地被冤殺，是二二八事件最明確的冤案，縣長張文成事後下落不明。事後，將此事傳至蔣介石處，因蔣介石查問，特務無法回覆，以拒捕誤殺回報，最終以林頂立去職結案。

四月七日

南京政府召開「國防最高委員會」，同為「政學系」的國民黨秘書長吳鐵城痛陳，外國媒體批評陳儀政府腐敗殘暴，陳儀剛愎自用，「我為黨為國不能愛護他了」。撤換陳儀，追究責任，自此定調為國民黨的立場，但距三月九日國民黨省黨部主委李翼中向白崇禧建議先撤換陳儀，再安撫民衆，已晚了一個月。

四月二十二日

南京政府行政院決議，台灣省行政長官公署改制為台灣省政府，由魏道明出任省主席。

魏道明

魏道明（1899-1978），江西九江人，一九二五年獲法國巴黎大學法學博士，一九二八年任司法部次長，一九三〇年任南京市長，一九三七年任行政院秘書長，一九四二年接替胡適任駐美大使，一九四六年任立法院副院長，一九四七年任台灣省政府主席，一九四八年由陳誠接任台灣省主席，魏道明自此投閒置散十六年。直到一九六四年才又獲任駐日本大使，一九六六年出任外交部長，一九七一年轉任資政，一九七八年去世。

五月十六日

魏道明接任台灣省政府主席，立即取消戒嚴，結束二二八事件後陳儀的清鄉政策。主張循司法途徑審理二二八事件的「人犯」，反對軍隊、警察、憲兵的濫捕濫殺，並對「人犯」採取寬大政策。魏道明且調整專賣局、貿易局，大幅開放民營，此政策廣獲本省籍工商界人士的支持。

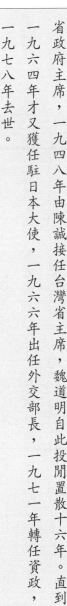

五月十七日

台灣高等法院改判傅學通十年徒刑，葉德耕維持原判。二二八事件至此告一段落。

位於台北的二二八紀念碑是如此記載：「三月八日，二十一師在師長劉雨卿指揮下登陸基隆，十日，全台戒嚴。警備總司令部參謀長柯遠芬、基隆要塞司令史宏熹、高雄要塞司令彭孟緝及憲兵團長張慕陶等人，在鎮壓清鄉時，株連無辜，數月之間，死傷、失蹤者數以萬計，其中以基隆、台北、嘉義、高雄最為慘重，事稱二二八事件。」

社會上對於二二八事件的認知也的確是如此，認為三月九日國軍登陸以後，大肆捕殺，造成台灣菁英喪失殆盡，無辜人民死傷無數。坊間不少回憶錄都「詳盡」描述民兵與政府軍的作戰，但是實情是，政府軍登陸以後，並沒有受到什麼抵抗，僅有民兵在嘉義山區與台中謝雪紅率領的「二七部隊」與政府軍有交手，但規模普遍不大。

政府公布的《二二八事件研究報告》說法即是：「……平亂工作之所以如此順利，實因處委會等抗爭政治團體即為烏合之衆，無何武裝力量，甚無對抗之心理準備。原來，領導分子自以為要求高度自治不致引起軍事鎮壓，而未理解其口號、要求已威脅到國府統治權。」

這份官方的研究報告，已清楚地說明，沒有如二二八紀念碑所說的：「在鎮壓清鄉時，株連無辜，數月之間，死傷、失蹤者數以萬計」。

資料顯示：蔣介石曾於三月十三日致電陳儀：「嚴禁軍政人員施行報復，否則以抗令論罪」。二十一師登陸後，將台灣本島分為台北、基隆、新竹、中部、南部、東部等六個綏靖區。依各地區所撰寫的「清鄉戰報」，每天死傷人數多以個位計，「二二八事變斃俘自新暴徒統計表」顯示：死亡總數爲四十三人、俘虜五八五人、自新三〇二二人。陳儀政府亦逮捕槍決與二二八事件有關的人士，有些是涉及武力暴動，有些眞的涉及爭奪政權的叛亂，但也有證據錯誤或不足的冤案。

讀者可能會懷疑，這些綏靖區的戰報是眞的嗎？不是都說二十一師來台後，大肆捕殺「長達數月」，傷亡者逾萬人，甚而數萬、十餘萬人嗎？有幾點可以判斷戰報資料應爲眞：第一，沒有作假的時間。上述單位尤其是軍情單位，從二月二十七日至三月底，幾乎每天都有報告給中央，以時間論，根本沒有串供作假的時間。第二，大部分檔案沒有作假的動機。二二八當時在中央的認定是叛亂，當時參與其事的官員自認爲是平亂，平亂以後自認爲是有功的，自認有功的情況下，有些事情是沒必要說謊的。如傷亡人數的民間說法從數千人到數萬人都有。在二十一師登陸前，台灣因兵力不足，政府機關或軍方大多是被攻擊或防守的一方。二十一師登陸後情勢逆轉，如

二二八事變斃俘自新暴徒統計表

單位	擊斃	俘虜	自新
台北綏靖區	11	51	5
基隆綏靖區	19	22	46
新竹綏靖區	3	17	91
中部綏靖區	7	19	2,818
南部綏靖區	0	384	0
東部綏靖區	3	92	62
總　　計	43	585	3,022

果有大量死亡人數，應該在二十一師登陸到清鄉結束後。

當年的國民政府是一種鬆散的專制政府，國民黨統治綿密是蔣經國來台培養大批政戰人員安插到各單位以後的事。二二八那個時代，國民黨想大規模變造歷史，恐怕也無此能耐。古今中外軍人都有謊報戰功的情形，從二二八清鄉戰報來看，每天死傷人數多以個位計，總數四十三人應非多大「戰功」，因而這些數字應該可信。何況誰又料到歷史的轉折，二二八事件的性質會從「暴亂」變成「起義」呢？所以死亡人數也幾乎沒有縮水的可能，我們有充分理由相信檔案資料，尤其是數字的部分。至於當時的軍政首長的回憶錄，對上級報告的評述、檢討、建議部分，因事關當事人的責任，也有伺機攻擊他人，當然不可輕信。即使當事人身歷其境，但是他們瞭解的往往是局部而非全貌。記憶受時間、情緒、立場影響而有失眞、不實或錯誤之處[42]。

42 武之璋，《二二八真相解密》，頁44。

第二章

二二八事件爭議的問題

第一節　二二八事件是大屠殺？

「二二八事件」是個悲劇的歷史事件，但是後來卻成爲台灣社會最政治性、最被大量消費的事件。隨著台灣的政治民主多元化，二二八事件從以往的「諱而不談」，到「大鳴大放」。兩蔣時代官方檔案沒有開放，一般人憑傳言、憑猜測，認爲國民黨政府一定做了許多傷天害理的事，所以檔案不敢開放。但是李登輝當總統時，檔案全部開放，後來陸續連地方法院、高等法院、警察局、派出所的檔案都出土了，眞相早已大白，但是誇大不實、扭曲事實的研究報告、訪談、回憶錄仍然層出不窮，而最能檢驗是非對錯的就是死亡的人數問題。

雙方死傷人數到底有多大？台獨人士以「大屠殺」稱呼二二八事件。死傷人數一直是二二八事件的爭論議題，有意或無意誇大死傷人數者有之，以彰顯二二八事件之悲慘；誇大抗爭經過者有之，以彰顯抗爭群衆之英勇或塑造英雄。

以下表格資料是一些書籍與文章對於二二八事件死亡人數的估算[1]。

1 以下資料，引自張清滄，《二二八事件死傷人數真相探討》，高雄：自行出版，二〇一四年，頁382-384。

單位別	作者	資料	事件死亡人數
政府機關	楊亮功	〈楊亮功調查報告〉	死一九〇人 傷一七五一人
	白崇禧	〈白崇禧報告書〉	死傷一八六〇人
	台灣警備司令部	台灣警備司令部	二千二百人
	保安處	保安處	六千三百人
	行政院研究二二八事件小組	〈二二八事件研究報告〉	未明確交待數字
民間及國外報導	王康	〈二二八事件親歷記〉	二千至三千人
	蘇僧、郭建成	〈拂去歷史明鏡的塵埃〉	二千六百人
	《紐約時報》	民國三十六年三月十四日南京專電	二千二百人
	《紐約時報》	民國三十六年三月二十二日記者保丁專電	一萬人
	蘇新	〈憤怒的台灣〉	不下一萬人
	台灣旅滬六團體	〈六團體對台灣事件報告書〉	一萬人以上
	鍾逸人	〈心（辛）酸六十年〉	二萬多人
	彭明敏	〈自由的滋味〉	二萬多人
	喬治柯爾	〈被出賣的台灣〉	二萬多人
	王芸生	〈台灣史話〉	三萬至四萬人
	辜寬敏	〈台灣青年〉	五萬人
	王育德	〈苦悶的台灣之研究〉	十幾萬人
	史明	〈台灣四百年史〉	十幾萬人
	李雅甫	〈台灣人民革命鬥爭簡史〉	三萬至四萬人
	楊逸舟	〈二二八民變〉	死亡約二萬人
	林木順	〈台灣二月革命〉	不下一萬人
	柯漢文	〈台灣二二八事件見聞紀略〉	最少七千至八千人
	李喬	〈台灣二二八研究之片斷〉	一萬八千人

民間及國外報導		
林書揚	《從二二八到五〇年代白色恐怖》	死亡、失蹤超過一萬人
金美齡、周英明	《日本啊台灣啊》	二萬八千人
吉田莊人	《從人物看台灣百年史》	死亡失蹤二萬至三萬人
賴澤涵、馬若孟	《悲劇的開端：台灣二二八事變》	可能八千人
曾慶國	《二二八現場：劫後餘生》	一萬八千餘（18,856）人
李正三	《自由的呼喚》	二萬人
楊克煌	《台灣人民的二二八起義》	三萬多人
台灣教師聯盟	《二二八和平周：教學手冊》	一萬八、九千餘（18,285-19,418）人
唐人	《台灣風雲》	不下一萬人
王桂榮	《王桂榮回憶錄》	約二萬八千人
張德水	《激動台灣的歷史》	推算三萬至四萬人
陳孔立	《台灣歷史綱要》	至少幾千人
小林善紀	《台灣論》	二萬八千人以上
台灣政治受難者聯誼總會	《政治犯：台灣獨立運動史》	至少二萬八千人
陶晉生	《中國近代史》	一萬至二萬人
莊嘉農	《憤怒的台灣》	不下一萬人
曹永洋	《都市叢林醫生：郭維租的生涯心路》	二萬人以上

一九九一年（民國八十年）一月十七日，「行政院研究二二八事件小組」成立，負責撰寫研究報告。一九九二年李登輝政府提出的《行政院二二八事件研究報告》列舉〈陳寬政人口學推計〉，一九四六年台灣並無精確的死亡人數統計，一九四七年死

亡人數十一萬四千多人（114,196），一九四八年死亡人數九萬五千多人（95,340）。一九四七年是二二八事件發生年度，比一九四八年的死亡人數多了一萬八千多人（18,856），所以二二八事件被「假想」南京民國政府軍「屠殺的在一萬八千人至二萬八千人之間」。

由於陳寬政用人口學推估的數字太沒有根據，以致《時報文化》正式出版《二二八事件研究報告》時，並未將該資料列入該書內容。報告正文中也正式提到，「以人口學推估死亡人數固是一法，但也有其限制，蓋當時適值戰後復原及戶籍制度更替（國人自日人手中接辦）之際，資料非常紊亂，縱然推估出一些數據，仍無法確定純為二二八事件的死亡人數」[2]，結論之處則強調，該報告並未能對二二八事件的傷亡人數做出精確統計[3]。

曾任《行政院二二八事件研究報告》的總主筆賴澤涵日後在接受媒體訪問時指出，

2 行政院研究二二八事件小組，《二二八事件研究報告》，台北：時報文化，一九九四年（民國八十三年），頁263。
3 同前書，頁412。

有關死亡人數，現在沒有人可以提出精確數字，他自己認爲「數以千計」較爲合理[4]。當時擔任該研究報告的審議委員，也是中央研究院院士的胡佛認爲，當年官方對二二八的傷亡統計，較這種人口學推估要準確許多。白崇禧的宣慰報告當中，包含軍警與台籍人士，死傷總計一千八百六十人。楊亮功與何漢文聯名提交的報告中，死傷人數也在兩三千人之譜，甚至公務員及軍警死傷比台灣民衆嚴重，他認爲二二八受難人數，「絕對沒有那麼多，這是完全誇大」[5]。

蔡正元在其《台灣島史記》中說，依照二二八事件的經過來看，陳儀有機會「屠殺」的時間只有三月八日至四月七日，不在這段時間死亡，而要硬歸入跟二二八事件有關，實在很牽強。死亡人數的謊言很容易戳破，林爽文事件和余清芳事件到現在都還找得到百人塚，二二八事件發生時間離現在這麼近，卻連個十人塚的影子都無，那來的上萬的死亡人數[6]。

一九九四年（民國八十三年）二月台灣省文獻委員會就出版《二二八事件文獻補

4 童清峰，〈二二八死亡人數謎團之爭〉，《亞洲周刊》，香港，二〇〇九年三月二十二日。
5 同前文。
6 蔡正元，《台灣島史記》，香港：中華書局。二〇一九年（出版中）。

錄》，依據行政院二二八研究小組研究報告、戶籍記載，以及訪問紀錄、耆老座談、坊間著作、學術界研究等有關資料，予以彙整的全省二二八事件死亡八五○人，失蹤一七三人，合計一○二三人，應是官方首次就二二八事件死亡、失蹤人數較為完整的報告。台灣省文獻委員會彙整的死亡、失蹤合計一○二三人（按：內有屬於白色恐怖受難者，與二二八事件無關）與目前實際申請賠償之死亡、失蹤人數八百多人相當接近，可以看出當時台灣省政府已不忌諱追求二二八事件眞相，可惜不被相信。

「二二八事件小組」最初調查死亡人數約五百多人，政府撥款予以補償，後又成立「二二八事件紀念基金會」，對所謂「受難者」從寬認定。

由台灣納稅人出資金，由二二八家屬代表組成的「財團法人二二八事件紀念基金會」截至民國九十四年（二○○五年）底認定：本省人死亡人數六八一人，失蹤人數一七七人，羈押判刑人數一三九五人，受難人數合計二二五三人。

即使死亡、失蹤人數大致已有清晰輪廓，但是高中歷史教科書及在台北的二二八紀念碑文仍舊以萬人稱之。為此，曾任行政院長的郝柏村二○一二年在報紙上撰文說：

一九九○年，我任行政院長，特請施啓揚副院長主持「二二八事件專案小組」，期能公正定位此一歷史悲劇。此外，我並請內政部長吳伯雄先生，確查當時非正常死亡及失蹤人數，為五百餘人，一律視同二二八受難者，予以撫慰補償；後來又從寬認定，且一再放寬期限，接受撫慰，每名新台幣六百萬元，仍為一千人左右。課本卻表示，「據估算，死亡的台灣民眾超過萬人」。直到今天，我在台北新公園，看到二二八的紀念碑文，也仍宣稱「死傷逾萬」，這是歷史真相嗎？二十一世紀是資訊發達的時代，還可以人云亦云，用「據估算」的說法，充為歷史課本的教材嗎？死亡人數中強調「台灣民眾」，其實外省人士亦所在多有，也應提及，才算公允。[7]

郝柏村說的是事實，但是民進黨當天立刻由發言人林俊憲反擊說：郝柏村的言論是「扭曲史實，挑起事端，極爲不當」、「反民主甚至擁護威權復辟」[8]。後來受理賠償時間延長到民國一〇六年（二〇一七年）五月二十三日，截至民國一〇五年（二〇一六年）二月底爲止，受難人數增加至二二九〇人，僅比民國九十四年（二〇〇五年）增加三十七人。二二八基金會所謂「受難人數」二二九〇人，大部分是

7 郝柏村，〈正視中學史地課本〉，《聯合報》，二〇一二年二月二十一日。
8〈國民黨拋謬論試水溫？林俊憲：莫在歷史傷口上蓄意挑起爭端〉，二〇一二年二月二十一日。民主進步黨網站。

所謂的「被羈押」人數，「被判刑」人數次之，「死亡」人數在民國一〇五年（二〇一六年）二月底，才增加認定一位日本人死亡跟二二八事件有關，「失蹤」人數最少。但是基金會從未調查外省人的受難人數。外省人在暴動中，被本省人殘殺的死亡人數，因無清楚的戶籍資料，刻意被忽略，甚至被隱藏。

就已知二二九〇人「受難者」，包括「死亡」、「失蹤」、「判刑」、「羈押」全部的賠償金額已支付新台幣七十二億八〇五萬元。已具領新台幣七十一億八八八〇萬元，但還有七十七個「受難者」的家屬聯絡不上，無法領取補償，金額約一九二五萬元。

爲何以往會誇大死亡數字？爲何在已經確定死亡失蹤人數後，還要刻意渲染錯誤的死亡數字？不外乎要傳達以下幾個印象：第一，外省人是殘暴的外來統治階級，本省人是遭受暴力統治的善良且無辜民衆。第二，國民黨是外來政權，用暴力占領台灣，實施極權統治。第三，台灣人不是中國人，中國人才會如此殘暴對待台灣人。

根據各種檔案，我們知道死者大多數是在攻打國軍時死亡的，有些犯了搶劫罪、縱火罪而被判刑的，而政府一律給同樣的死亡賠償，把他們一律視爲「受難者」，其合理性值得爭議。在整個事件中，的確有人是死得冤枉，值得同情，一定要還其公道，爲其平反，甚而追加賠償金也是應該。有些人是爲自己建立新政權的理想而死，他們的確可以稱得上是「烈士」或「受難者」，但是應該是要向北京政府或獨立後的台灣申請，而不是向想推翻的民國政府尋求「補償」、「道歉」。這是搞政治者應該有的價值與品格。

二〇一三年，中共在北京西山國家森林公園設置無名英雄廣場，紀念一九五〇年代犧牲的地下黨成員，廣場上立有無名英雄紀念碑、雕塑及人員名單共八百多名，領取二二八死亡補償的名單中，約有三十位名列其中（詳細名單，請參考第三章第六節）[9]。

第二節　二二八事件的外省人遭遇？

二二八事件起源於一九四七年二月二十七日的查緝私菸販賣事件，本省人發動暴動於隔天的二月二十八日，南京民國政府調動政府軍開始平亂於三月九日。如果說本省人的受難日是「三月九日」政府軍開始鎮壓以後的事，那麼「二二八」可說是外省人的受難

9 黃種祥，《二二八事件真相辯證》，台北：元華，二〇一八年，頁369。

日，外省人死傷大都發生於二月二十八日至三月八日，被發起暴動的本省人攻擊而死傷。當時外省人遭本省人攻擊的「受難」人數，因未在台灣省登記戶籍，而無法充分得知，也無法獲得補償，但其中一位就是「嚴家淦」。嚴家淦時任財政官員，遭本省人暴動毆傷，逃入林獻堂家的祖厝躲藏，才逃過一劫。依二二八基金會的標準，嚴家淦也是名副其實的「受難者」，但是運氣不如嚴家淦的外省人可就多不勝數。

外省人死傷數字不比本省人少到那裏去，卻連馬英九當政八年都不願公布。依當時現地記者唐賢龍的《台灣事變內幕記》引述警察單位公布的數字如下：外省人死亡人數四三二人，其中軍士官十六人，士兵七十四人，教師和公務員六十四人，一般外省人二七八人。外省人受傷人數二一二六人，其中軍士官一三〇人，士兵二六二人，教師和公務員一三五一人，一般外省人三八三人。外省人失蹤人數八十五人，其中士兵三十七人，教師和公務員二十四人，一般外省人二十四人[10]。

外省人受難人數共計二六四三人，這個數字還不包括被武裝暴動民兵「羈押」的人數。當時有很多外省人遭本省人暴徒羈押凌虐，由政府軍隊救出。依二二八基金會的定

10 蔡正元，《台灣島史記》；唐賢龍，《台灣事變內幕記》，台北：時英出版，二〇〇一六年，頁626-628。

義，被「羈押」一小時就算「受難」，那外省人被本省暴徒「羈押」的人數更是龐大。外省人實際死傷受難人數，和二二八基金會統計的本省人受難人數一樣，會比當時經媒體記者引述官方公告而報導的數字多。

當時暴動的本省人占據街道，盤查路人，先用閩南語問話，聽不懂閩南語，或無法用閩南語回應的人立遭毆打拘捕。能用閩南語回答的人，暴動的本省人會再用日語問話，若能用日語回應，會再被要求唱日本國歌「君之代」，以確定是不是眞正的「本省人」。這是當時的悲劇，區別本省人與外省人的工具，竟然是日語與「君之代」歌曲。

以下是幾則有關二二八事件外省人受害的描述。我們希望這些都只是惡意的傳言，但是迄今讀來，仍讓人感覺心酸，而這些「傳聞」，對於當時外省人的心境也產生巨大影響。

距離台灣省菸酒公賣局三百公尺外，就是孫運璿紀念館，此處原是行政院長官邸。館內展示著一份日記，幾乎是當時最重要的一頁紀錄，但卻沒被多少人注意。日期是二月二十八日，孫運璿寫道：

昨晚太平町專賣局職員，因緝私菸發生聚毆，結果民眾死傷各一，惹起公憤。今日上午民眾數千人圍攻專賣局，分局內地職員多被毆傷，且有數人斃命。下午復包圍長官公署與警察發生衝突，復被擊斃數人，事態愈形擴大，演變成本省人排外風潮，遇見外省人即打。下午三時許長官宣布戒嚴令，暴徒四出滋擾。余在公司，三時半蔡課長來告：外間情勢緊張，應提前下班以免生事。當即召集緊急會議，提前於四時四十分下班。五時左右，聞暴徒已至台北支店，乃急尋黃協理，同至蔡課長家中躲避。及暴徒至公司後，內地人皆已避去，故未肇事。晚間，與蔡瑞堂、周春傳談及此次不幸事件，頗為痛心，尤其是令日人看見我們自己火拼更覺難堪。

台灣桃園平鎮客家人，台灣近代歷史學家的戴國輝先生，在其《愛憎二·二八》一書的序言〈我是怎樣走上研究二二八之路〉中寫到：

有些流氓模樣的青壯年，則仿效日本人頭綁白布巾，口罵「支那人」、「清國奴」，不分青紅皂白地找出外省人毆打出氣，連就讀於台北女師附小（現台北市立師院實小）的外省小孩也無法倖免，慘遭拳打腳踢後，還被推入學校前的深溝中。連我也因閩南語不甚靈光，而被迫唱日本國歌，以證明台灣省籍身分。[11]

11 戴國輝、葉芸芸，《愛憎二二八：神話與史實：解構歷史之謎》，台北：遠流出版社，一九九二年，頁3。

香港《新聞天地》周刊所載〈台灣人爲的颱風〉一文的節錄：

二二八的內情是，這個偏激的排外行動，轉變為看見外省人就打，打得頭破血流，直到打死為止。當時台灣人幾乎是總動員，各階層人物都參加，流氓、地痞、青年、學生、失業分子、店員、年老的，都視外省人為敵人，女孩子和老太婆則在旁指點或拍手，這類殘忍的行逕，使每個人充滿恐怖和憤怒！人們說，公務人員因職務關係或許得罪了台胞，但妻子兒女，並無罪過，卻亦不能倖免！……「阿山」是台灣同胞對內地人的一個普遍稱號，「阿山」們在這一次事變中始終演著一個可憐的角色。因為在事變的幾十天時間裏，最重要的一件工作就是打「阿山」也。他們考驗你是否「阿山」的方法，一是說「台灣話」，二是說「日本話」，三則唱「日本國歌」，有一項考不來，那一定是「阿山」無疑，於是輕則毆辱，重則打死，或者當成「俘虜」集中起來，東西就搶來燒了，最慘的還有把小孩子由兩個人拉著頭和腳扯死，也有抓著小孩倒舉起來撞死的，一個孕婦曾被刺刀刺穿腹部。大凡婦女孩子，只要是「阿山」，都不能倖免，我們是仇敵嗎？不然就是「阿山」有罪？……三月一日紛亂狀態更加擴大，見到「外省人」就加毆打，許多「外省人」開的商店，甚至於外省人來台公教人員的私宅的東西，也被搬去焚燬。[12]

歐陽予倩〈台遊雜拾〉，原載一九四七年四月二十日上海《人世間》雜誌：

……可是在這時候，馬路上已經是見著外省人就打，見著穿制服的打得厲害，稅吏、獄吏、總務課長之類尤甚。那些從海南島回去的兵，從福建回去的浪人，行動最為兇暴，女人、小孩子也有遭他們毒手的。暴民憤怒的時候，的確可怕，當時有的醫院甚至不敢收容受傷的外省人。[13]

雪穆〈我從台灣活著回來〉，原載一九四七年四月五日上海《文萃叢刊》第二期〈台灣眞相〉專題：

有一對衣冠楚楚的年輕男女從這裏走過，馬上被群眾團團圍住喊打，這對男女嚇得面色慘白，急忙跪下來求饒，這時有兩、三個十來歲的小孩擠進去，幾腳把他們踢翻，群眾們就開始拳腳交加、棍棒齊下，一陣亂打起來，起初他倆還在轉

12 引述自武之璋，《二二八真相解密》，台北：風雲時代，二〇〇七年（民國九十六年），頁262-263。
13 同前書，頁264。

動掙扎，後來就血肉模糊地倒斃在地上了。……到了基隆港口裏，小艇正來往穿梭，在打撈浮在水面的屍首，據說這些屍首都是在黑夜裏一樣用小艇把活人運到港心投下去的。此時有成群的人站在岸邊觀看，有的老太婆扶著手杖，年輕的婦人提著裙子——大約她們發現了她們的愛子或丈夫，在那裏搶天呼地地嚎哭著，這種景象真是使人膽寒。[14]

曾可今著《二二八眞相》之〈台灣別記〉內提到：

「二．二八」那天下午，從基隆來台北的火車有一些外省籍的旅客，下車時被暴徒毆打。從高雄來的火車中，有一外省旅客被打九次，過鐵橋的時候被丟入河中。在台北火車站附近，有些穿著中山裝的公務員被打後，皮包、手錶、自來水筆、金戒指等財物都被搶走；有些被搶後在逃跑中再被打死。萬華車站有一個穿旗袍的少婦被脫去衣褲強姦，又被迫裸體跳舞。太平町有某公務員之妻懷孕待產，被暴徒剖腹，將胎兒取出擲地。某公務員之小孩被暴徒將雙腳倒懸，再向下

14 同前書，頁265-266。

擲，頭破而死，還有些婦孺是被暴徒把雙腳拉開裂死的。……[15]

鴻民著《二二八眞相》第二章〈二・二八史料舉隅〉：

據基隆逃返上海人士說，二月二十八日該地騷亂情形稱：「毆打老太婆與軍警殺人傳到基隆，地方頓形不安，次日台北暴動傳來，空氣益緊張。當晚數十台人在大世界戲院集結，電影散場，台人檢查所有顧客，先以台語（即閩南語）問：『你是哪省人？』聽不懂的人馬上拳打腳踢，一頓痛毆；聽得懂的人，又改以日語盤問，答不出即斷定是冒充台民的福建人，打得更重，當場一個福建人被打死。」[16]

《二二八事件研究報告》第二章〈事件之暴發與衝突之擴大〉：

……暴民不僅燬物，也對外省人不分青紅皂白地屈辱毆打。在本町、台北火車站、台北公園、榮町、永樂町、太平町、萬華等地，均有不少外省人無端挨打，

15 同前書，頁267。
16 同前書，頁267-268。

新竹縣長朱文伯與台北市地政局長亦遭羞辱或痛毆。一般認為這是一年半以來的積怨所暴發出來的盲目排斥外省人暴動。於是無助的小公務人員及其來台旅行眷屬或經商的外省人，成了代罪羔羊。許多聳人聽聞的暴行也傳出了，據聞有殘忍的流氓，在調戲少婦後，將母子一起打死，以日本軍刀砍殺孕婦。……[17]

以上記述應是有眞有假，有事實，有傳言，但是已引起高度恐慌。以下是一些當時報紙的報導：三月十日《大公報》標題「留台外省人均急求去」；二十三日的《藍世報》，大標題是「台灣事變後福州旅台者紛紛逃回；『暴民』割傷耳鼻，剖腹分屍」；二十三日《全民報》「汕籍公務員逃難歸談台灣事變慘相」；二十六日《中央日報》「飽歷台變驚險，外省人返榕廈，在基隆候輪者數猶逾萬人」[18]。

目前在台灣操弄二二八事件者，大多有其政治目的，對二二八的歷史作選擇性的論述，把二二八事變定調爲「國家大屠殺」、「政府無故殺無辜百姓」、「外省人殺本省人」，結果「菁英付之一炬」。對人命的關懷不應有雙重標準，民進黨與政府迄今爲

17 行政院研究二二八事件小組，《二二八事件研究報告》，頁55。
18 引述自武之璋，《二二八真相解密》，頁267。

止，從來沒有去譴責那些胡亂打殺外省人的暴徒，對於當年死傷的外省人也沒有過一語的同情。

每年政府都在紀念二二八，但是這個眞相卻是石沉大海，連每年去二二八紀念會的馬英九，都沒有對外省人的受害表達過遺憾，也沒有試著爲他們討回一些公道，更沒有對曾經保護外省人的本省人表達過肯定與感謝。

二二八事件中確切可考的統計，本省人受難死亡失蹤人數約八百餘人，外省人受難死亡數沒有正式統計，依唐賢龍引述警察單位公布的數字約四三二人，失蹤人數不詳，外省人少一些，但依所占人口比例，外省人則高很多。

可貴的是，當時外省人被攻擊時，很多本省人站出來保護外省人。後來本省人被追緝時，很多外省人站出來保護本省人。矛盾的是，死傷的外省人大部分不是國民黨員，死傷的本省人很多是國民黨員。但這些事實，利用二二八事件進行台獨鬥爭的人沒興趣，尤其是日本皇民的後代，他們故意操作成「國民黨」或「外省人」與「本省人」的對立，更進而製造成「中國人」與「台灣人」的對立[19]。當二二八事件成爲「國民黨是

19 蔡正元，《台灣島史記》。

外來政權」、「民國政府是打壓台灣人民」、「台灣人與中國人的對立」的政治工具時，這些二二八事件中受害的眞正無辜者，也只能沉冤莫白了。

第三節　二二八事件是官逼民反？

民間有關二二八事件的著作及政治人物的言行，咬定二二八事件是「官逼民反」，使得「官逼民反」一說幾成定論。

二〇〇六年台獨學者張炎憲等人完成《二二八事件責任歸屬研究報告》，結論認定蔣介石是元凶，應負最大責任，更於二月二十日表示，二二八事件是「執政者透過國家公權力有計畫、有步驟的屠殺台灣菁英」[20]。隨後國民黨在二〇〇六年二月二十二日舉行中常會，黨主席馬英九將國民黨對二二八事件定調爲「官逼民反」[21]。

在「官逼民反」論述以前，「大屠殺」已是政治正確。因爲是「官逼在先」，後才

20 羅添斌，〈張炎憲：空有補償，還沒真正反省〉，《自由時報》，二〇〇六年二月二十日。
21 黃種祥，《二二八事件真相辯證》，頁270。

有「民反」，因此，無論當年參與者的動機為何、何種犯行、起訴書及判決書是否公正，當年參與二二八事件而受到處分或死亡者一律視為被害人，一律可以得到政府的賠償。

如果事實確是「官逼民反」，所有被害人都應該得到賠償，政府也應該道歉。但是隨著政府檔案的全部公開，從大量的檔案資料，包括長官公署、保密局、中統、軍統、黨部、地方政府、鄉鎮區公所、警察局、派出所、公營事業單位、台糖、台電、各地學校……大量的一手資料，赫然發現事實所呈現的套不上「官逼民反」的結論。從本書前一單元對二二八事件發生時的逐日介紹，讀者應該也不難發現，這根本不是一件「官逼民反」的事件[22]。

所謂「官逼民反」，關鍵在一個「逼」字。逼到一個忍無可忍的地方，不反是死，反也是死，像秦末陳勝、吳廣的起義，是因為秦法嚴苛，不造反是死，造反也許不死，是典型的「官逼民反」。又如明末李自成率領大群饑民造反，因為農村經濟殘破，饑民無以為食，不造反會餓死，所以是另一種型式的「官逼民反」。總之，「官逼民反」是

22 武之璋寫了〈論官逼民反〉，〈再論官逼民反〉兩文，參閱武之璋，《二二八真相解密》，頁95-111。

官把民逼到走投無路的地步，不得不反，因爲「反」是很嚴重的事，反是犯法的行爲，在古代反是唯一死罪，滿門皆斬，甚至九族皆滅。即使在現代，「反」這個字是「破壞社會秩序」或「顚覆政府」之類的罪名，也是重罪。所以正常的情況，官逼民反雖然違法，但是會得到社會大衆的同情與諒解。如《水滸傳》中的八十萬禁軍總教頭豹子頭林沖，被奸臣陷害，家破人亡，不得不反，造反被朝廷通緝追捕，亡命天涯，但是得到百姓的同情，視爲英雄。

近代政治學的理論，如果一個政府荒唐暴虐到一個地步，老百姓有「造反權」或叫「反抗權」。孟子也說過，「聞誅一夫紂矣，未聞弒君也」，如果政府荒淫無道，人民當然可以選擇起義或革命來推翻政府。

二二八事件的確是一件讓人難過的事，但是我們客觀地檢視二二八事件前長官公署簡派的那些外省人，或親外省人的大官，有沒有做出「官逼民反」的事情呢？答案當然是沒有。當年隨陳儀來的官員，不少是當年中國的菁英分子，如嚴家淦、任顯群、孫運璿等，當時台灣省從「日據」變成「中治」，當然有過渡期、磨合期產生的問題，而這些基層官員在觀念、辦事方法方面，原則上可能與日本人不同，效率可能比日本人差，所以台灣人看不起他們，也不怕他們，但是當時整個制度不是一個欺壓台灣人的制度，台灣民衆享有選舉與被選舉權，當時來台灣的外省官員當中，也一定有敗類，但不足以形成「逼」到必須要「反」的地步[23]。

我們從事件中有不少台灣人協助外省人避難，也可以看出，當然絕大多數台灣人對外省人並沒有仇恨，而視其爲一國人。如果將這些外省官員與日據初期的後藤新平對台灣人民的大屠殺、對台灣資源的毫不保留的汲取；如果當時的警民衝突發生在日本殖民時期，日本總督府會如此處理？日本的警察當時會如何反應？在暴動後，日本總督府可能會與民間共同成立「處理委員會」嗎？相信讀者均心知肚明。

台灣經過戰爭，尤其是美軍大轟炸的破壞，戰後又逢日、中政權交替，中國大陸經濟瀕臨崩潰之際，台灣經濟情況不好是事實，軍人軍紀、服裝儀容、長官公署行政效率不盡理想也是事實，但是這些問題的嚴重性，都沒有到「官逼民反」的地步。資料證據顯示，這些問題都沒有「逼」到老百姓願意冒著「殺頭」的危險，跟政府拼命的地步。此外，日本總督府跟行政長官公署最大的不同是，行政長官公署把台灣人當成「國民」、「公民」看待，但是日本人在五十年殖民期間，只是將台灣人視爲次等的「屬

23同前書，頁96-97。

民」。

二二八事件是一個偶發的事件，最後引起台灣全面動亂，動亂之初長官，公署未嘗沒有誠意和平解決，以下事實可以證明：

第一，長官公署二月二十八日下令戒嚴，並宣布依法嚴辦肇事之專賣局人員，當日即收押傳學通等六人，並允諾秩序恢復後即解除戒嚴。

第二，三月一日民衆代表黃朝琴、周廷壽、王添灯、林忠等謁見陳長官，請求：立即解除戒嚴令、被捕之民衆應即開釋、命令不准軍警開槍、官民共同組織處理委員會、請求長官對民衆廣播。陳長官全部允予照辦。

第三，三月一日午後十二時解除戒嚴，但集會遊行仍然禁止。

第四，省警備總部蘇紹文處長，頃致函台北市議會，略以「關於查緝私菸血案，當局決定撥付新台幣二十萬元與死者之家屬，傷者五萬元，以爲撫恤，希代轉知」等，並請各該管轄區里鄰長即往家屬處具領轉發。

第五，三月二日台北市參議會調查委員會全體委員往長官公署謁見陳長官，討論本案解決方針，席上有秘書長葛敬思、交通處長任顯群，民政處長周一鶚。陳長官當面答應下列數項：一、因此案被捕之民衆，全部移交憲兵第四團無條件釋放。二、關於本案之死者，由政府發給撫恤金，傷者由政府負擔醫費送醫院治療，死傷者不分本省、外省及公務員，希望民衆調查其姓名、住址、報告，以便設法處置。三、不追究發生本案之民間負責人（從今以後，各安其業，共謀本省之建設）。四、即時恢復交通（鐵路交通由國大代表簡文發氏負責）。五、武裝警察巡邏車，逐漸減少（槍口不向外，武器放於車內），以維持治安。六、從速恢復工作，各商店開門照常營業。七、食米即運市內，供應民衆需求。八、路上倘有死傷者，由警察與附近民衆設法送醫治療。

第六，三月二日陳儀對台同胞廣播：「關於這次事件的處置，昨日已經廣播過，你們都應該聽到，明白我的意思了。爲了安定人心，迅速恢復秩序，作更寬大的措施，特再宣布幾點處置辦法：一、凡是參加此次事件之人民，政府念其由於衝動，缺乏理智，准予從寬，一律不加追究。二、因參與此次事件，已被憲警拘捕之人民，准予釋放，均送集憲兵團部，由其父兄或家族領回，不必由鄰里長保釋，以免手續麻煩。三、此次傷亡的人，不論公教人員與人民，不分本省人與外省人，傷者給予治療，死者優予撫恤。四、此次事件如何善後，特設一處理委員會，這個委員會，除政府人員及參政員、參議員等外，期可容納多數人民的意見。台灣同胞們，政府這樣寬大的處置大家應該可以放心了。我愛台灣同胞，我希望我這次廣播以後，大家可以立刻安心下來，趕快恢復二月二十七日以前的秩序，照常工作，經過這次事件，人民與政府，想更能和衷合作，達到精神團結的目的。」[24]

第七，三月二日下午二時中山堂成立處委會，並決議：一、因此案被捕之民衆，當由憲兵第四團無條件釋放。二、關於本案之死者，由政府發給撫恤金。三、不追究發生本案之負責人。四、即時停止武裝兵警巡邏。五、即時恢復交通[25]。

第八，三月三日處委會委員黃國書、陳屋、黃朝琴、李仁貴，民衆代表盧輝木、王添灯，偕各報記者，前往軍法處調查凶手是否確已羈押。至該處時，據負責人談稱：「已於三月一日上午十一時，送交法院。」言訖並提示文件，乃轉往台北第一監獄，監獄人員由牢房牽出六人（盛鐵夫、鍾廷洲、趙子健、劉超群、傅學通、葉得根）。這些人均掛有甚重之腳鐐，垂頭喪氣，由記者一一拍照[26]。

第九，三月三日處委會代表與參謀長柯遠芬協商，柯同意將軍隊撤回軍營。

以上是二二八事件發生初期政府處理二二八事件的情形，各位讀者可以試想，日本

24《新生報》，三月三日。引述自武之璋，《二二八真相解密》，頁99-100

25同前書，頁100。

26同前書，頁100-101。

殖民時期台灣總督府會否如此處理？即使是現在民主化的西方政府，在面對這些要求時又會如何處理？相信有民主與法治觀念的讀者應有看法。

若以今日的法治標準來看，當時的政府有些寬大過頭了，二月二十七日晚的緝私菸事件，最多是個執法過當的問題，應該處置失職官員即可，引起暴亂以後居然承諾釋放所有暴徒，又承諾即刻解嚴，同意民衆代表到軍法處查看凶手是否在押，此等行爲、政府其實已是毫無威信可言。

難怪「不著撰人」在〈二二八事變之平亂〉一文中要感慨地說：

由於坐待「和平解決」決策之錯誤：當「事變」之初，問題比較單純，牽涉不大，應以純治安事件，及時疏導，斷然處置，不使釀成事端，無所謂「和平解決」。蓋「寬大處理」絕對正確，有限度之循「和平」途徑尋求解決，亦無不可。乃不此之圖，遷延因循，貽誤事機，而忽略台灣之民性褊狹強悍，此其失者一。或謂當時之「和平解決」決策，係緩兵之計；但稽考之電報中央之檔案，並無請求派兵增援之事實。甚至將電稿中「缺乏兵力」字句删除；以及嚴令制止高雄要塞之斷然平亂等證之，足見並非「緩兵之計」，乃怯弱無能，坐視事態惡化擴大，而無所措手足；此其失者二。……由於准許成立「處理委員會」之錯誤：

當「事變」之初，本係一單純之局部性事件，乃竟准許官民共同組成一個委員會，「負責處理」暴亂事件。當時決策者之用心，或在「緩衝」，或在表示「公正」；但忽略此一決策，已使純治安事件轉變為嚴重之政治性事件；遂令若干別具用心者得廁身其間。其他非法組織與潛伏之共黨分子亦相繼介入，使群龍無首之社會盲目騷動，演變為「有組織」、「有領導」之全面策動；實無異將政權拱手讓人，使暴徒膽敢接管各縣市政府，公然行使政權。……27

除了與民眾代表處委會協商解決方案，作大幅度讓步外，長官公署又企圖透過台灣士紳、「半山」企圖和平解決，陳儀、柯遠芬、張慕陶分別請託王添灯、蔣渭川、黃朝琴、林獻堂等在台灣有影響力之士紳，協助政府和平解決問題。但是由於：一、民眾已失去理性，所有建議和平解決的台灣領袖皆被視為「台奸」，而無法發揮其原有之影響力。二、處委會派系分歧，內鬥結果，最後鴿派蔣渭川失勢，鷹派王添灯控制處委會，提出三十二條、四十二條主張，其中包括國軍繳械等，事態發展至此，和平收場已不可能。長官公署所有和平解決之努力宣告失敗。

27中央研究院近代史研究所，《二二八事件資料選輯（一）》，一九九二年，頁136-137。

二二八事件資料解密以後，從大量中央及地方的檔案資料可以發現，除了澎湖以外，全省暴徒攻擊各地警察、軍隊、外省人、公務員，搶奪軍警槍械，俘虜地方首長，以維持治安爲名組織軍隊，篡奪地方政府，而長官公署因爲先有軍隊「退回軍營，不准開槍」之規定，後來事態惡化以後又因兵力不足，只有被動被困營區或機關之內無法動彈。

從上述的歷史，無論從任何角度來回顧當時的情境，實在無法同意二二八是「官逼民反」的說法，理由如下[28]：

第一，陳儀行政團隊人才濟濟，下級官員或有素質低劣者，有貪污腐敗之行爲，但比較日本人之高壓、凶殘欺凌台胞，在「被治」者的感受方面應該還不到鋌而走險去「造反」的地步。

第二，經濟問題雖然嚴重，但是光復後解除日本經濟「統制令」，與大陸貿易量大增，民生必需品充沛，台民生活必需品並不缺乏，比起大陸、日本、以及世界大多數地區，台灣還算比較好的。至少沒有到發生飢荒或缺糧的地步，當年並不產生因爲經濟問

28 武之璋，《二二八真相解密》，頁103。

題逼到百姓「造反」的地步。

第三，從長官公署及中央在事變初期的作爲來看，事變初期官方確實有和平解決之誠意，而這些誠意因爲忍讓過了頭，如同意民衆代表到軍法處查驗肇事者是否在押。讓暴民誤以爲政府膽怯怕事，遂有得寸進尺之行爲。

第四，處委會在王添灯奪權成功後已經變成一個叛亂團體，其向長官公署提出之三十二條，非但要求政府軍繳械，後來又隱匿軍隊繳械這一條，將篡改後之三十二條交由美國副領事柯智超向美國及國際發表，以圖引起國際干涉，並在廣播中用「革命先烈的血不會白流的」，煽動的語言挑撥民衆情緒，擴大事端。

從大量的一手資料顯示，事實上二二八發生的原因不是「官逼民反」，反而可能是因爲陳儀在初期過於妥協，希望和平解決，而被誤以爲陳儀膽怯，遂使某些人誤判情勢，使事件擴大、惡化、不可收拾，最終迫使中央派兵鎮壓。

第四節　二二八事件的元凶是蔣介石？

二二八的元凶是誰，是近幾年來熱門的問題，但也是一個爲了政治需要而不斷被「後設」的問題。到了近期，蔣介石是否爲二二八元凶一事，更成爲了證明蔣介石的民國政府爲外來政權、迫害台灣人民的最佳投射對象。因此，在「台獨」、「去中」、「轉型正義」的意識形態操作下，蔣介石被視之爲等同於希特勒的殺人凶手，所謂「蔣介石是二二八元凶」此一虛構定論，更是徹底污名化蔣介石的起點。

虛構這個定論的，不只是民間，更包括官方；不僅是從政者，也包括位居最高學術單位的學者。但是歷史資料總是會說話，虛構的謊言是禁不起檢驗的。謊言可以在政治力的支持下，一個接一個地堆砌，但是當眞實的史料出現時，所有虛構謊言所形成的高牆會即刻坍塌。

國史館所編輯出版的史料輯《二二八事件檔案彙編》中，國史館館長張炎憲在〈書序〉指出：「也許在這些檔案中無法得到滿意答案，但藉由史料檔案的爬梳與研究，已足以重現當時的歷史情況，事件的元凶與歷史眞相早已呼之欲出，只是找不到白紙黑字的原始證據而已」[29]。這裏所說的「元凶」指的就是蔣介石，但是在找不到「白紙黑字」的證據後，仍然以「呼之欲出」的推測來定論蔣介石為「元凶」。這就是以學術單位名位為政治需要見解背書的手法。

如果只是一般學者用此羅織罪名的方法，或許效果有限，但這卻是由國史館館長張炎憲的署名發表，等於是官方背書，易產生巨大的政治效應，形成為「政治正確」。不過，如果瞭解張炎憲曾任台灣社社長，而這個社團是最堅定推動台獨者，讀者可以自行判斷，所謂「蔣介石是二二八的元凶」，是否是為了台獨需要而創造出來的推論？

二〇〇六年，一群意識形態強烈的學者所撰寫，由二二八基金會所出版的《二二八事件責任歸屬研究報告》中，進一步對二二八事件發生，以及發生後台灣社會情況的責任進行追索。書中提到二二八事件發生最應負責者是蔣介石。報告中如此說：「陳儀、柯遠芬等固然失敗於前、不當鎮壓於後，又誇大危情向中央請兵，對不幸事件應負相當責任，但欲稱『最』，則非蔣介石莫屬」[30]，並進一步檢討蔣介石應負最大責任之因，

29 張炎憲總編輯，簡笙簧主編，《二二八事件檔案彙編（第一冊）》，台北：國史館，二〇〇二年，頁4。
30 張炎憲等，《二二八事件責任歸屬研究報告》，台北市：二二八事件紀念基金會出版，2006年，頁166。

「況且連國防最高委員會和國民黨中央執行委員會都要求嚴辦陳儀的情況下，蔣介石依然獨排衆議，無視於南京政府內部的反省聲音，而運用總裁的『最後決定權』袒護陳儀，從而整個台灣政府事後無人負起責任，這是蔣介石應比他們負更大責任的第一個理由」[31]，「蔣介石與……黨政軍特乃至監察司法相關人員來往的函電，可見蔣介石對事件介入程度之深、干預層面之廣，這樣的最高領導人，當然要爲不幸事件負對大責任」[32]。

最後，該書總結整起二二八事件的責任，結論指出：蔣介石對台灣民情認識不清，無法接納台灣人的呼籲和楊亮功、劉文島等的建言，反而認爲台灣人民要求改革、抗議不公是意圖脫離中國、背叛中國的舉動，因此派兵鎮壓，造成台灣浩劫。蔣介石擔任國民政府主席，是國家最高領導人，掌握軍政大權，唯有他才能決定派兵來台，也唯有他的支持，陳儀等才敢漠視台灣民意，任意非爲，也唯有他的默許，軍隊才敢任意逮捕，不經審判，槍殺無辜；且事件之後，軍政首長無一受到懲處，反而擢升。因此，蔣介石

31 同前書，頁166。
32 同前書，頁168。

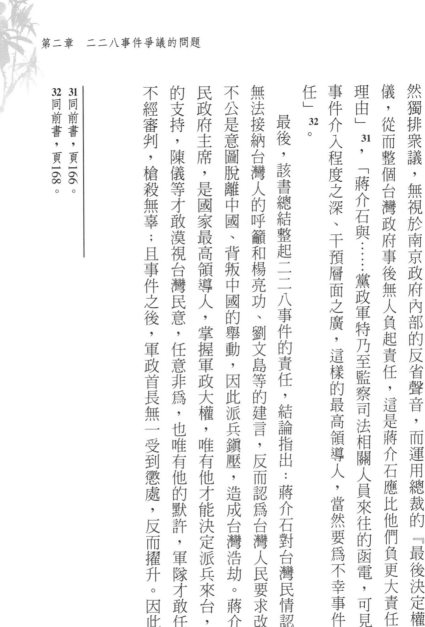

是事件元凶，應負最大責任[33]。

《二二八事件責任歸屬研究報告》一書，點名蔣介石為「事件元凶，應負最大責任」以後，陳水扁親臨新書發表會，大力讚揚「真相大白」。綠營及獨派人士主張，要對國民黨提起訴訟，求償新台幣五十億元。

二〇〇七年，陳水扁也不再引述二二八紀念基金會的說法，直接點名蔣介石就是屠殺台灣人民的元凶，縱容屠殺台灣人民。多年下來，媒體大肆宣揚，立委、議員也直接明言「蔣是屠殺凶手」。

不僅如此，左翼統派學者王曉波，也是馬英九在台灣史及二二八史的「諮詢顧問」[34]，早於一九九四年在其《海峽評論》雜誌上即提出「最大的元凶當然是蔣介石」之說[35]。很有趣，也是歷史的諷刺，台灣的台獨派與左統派，都認為蔣介石是元凶。

「元凶」是一個非常嚴重的指控，「元凶」是犯罪行為，指控別人是「元凶」應該

33 同前書，頁476-477。

34 武之璋，〈二二八事件原來是王曉波惹的禍〉，《二二八的真相與謊言》，頁183-187。

35 王曉波，〈檢討蔣介石的歷史問題：講於「二二八事件」處理問題公聽會〉，《海峽評論》，第三十一期，一九九四年五月。

有相當的證據，這些學者的指控及所謂的證據包括：一、蔣是二二八事件大屠殺的幕後元凶。二、蔣不該派兵。三、蔣下令大屠殺[36]。

對於以上的指控多屬捕風捉影，以蔣的個性以及蔣的歷史記錄，以上的指控大多沒有直接證據，或係臆測之詞或係惡意栽贓，除預設立場外還可以發現對蔣的歷史不夠瞭解。以上三點指控分別解析如下[37]：

一、蔣是「幕後元凶」

台獨政治人物與學者、國史館館長張炎憲說：「……眞相呼之欲出，只是找不到白紙黑字的證據而已。」[38]這種違背基本證據原則的話出自國史館館長之口，令人不能苟同。

36 李筱峰著，《台灣人應該認識的蔣介石》，台北：玉山社出版，台北中和市，吳氏圖書總經銷，二〇〇四年，頁73。
37 本節之分析參考：武之璋，〈蔣介石與二二八〉，《二二八真相解密》，頁53-76，
38 張炎憲總編輯，簡笙簧主編，《二二八事件檔案彙編（第一冊）》，台北：國史館，二〇〇二年，頁4。

二、蔣不該派兵

蔣介石是當時的中國領導人，台灣發生二二八事件，用現代用語來說，對事件的責任他必須概括承受，但是負何種責任應該讓證據來說話。但反之，對其不應受的責難，也不該任其無端受謗。

學者李筱峰在《台灣人應該認識的蔣介石》一書中說：「聽信特務一面之詞，貿然出兵……」、「……舒桃（元孝）經手該電報，親眼看見該電文寫明『格殺勿論』、『可錯殺一百，不可錯放一人』」，但該書又說：「在目前可查到的史料，雖無上述舒桃所言之資料」，然後又自己推論：「不過蔣介石這種『格殺勿論』的處斷方式，並非無前例可循，一九三六年西安事變前，中國的愛國學生在西安市示威請願時，張學良替學生向蔣介石請命，蔣介石卻怒斥道：『對於那些青年，除了用槍打，是沒辦法的。』」[39]

依照李筱峰的邏輯，因為蔣介石相信特務所言，所以決定出兵。出兵前還特別寫了

39 李筱峰著，《台灣人應該認識的蔣介石》，頁71-72。

封電報給陳儀，要求「格殺勿論」、「可錯殺一百，不可錯放一人」。為了知道電報內容是這麼寫，是因為經手的秘書看到了。但是現有的檔案文件裏面都沒有這個電報。讀者可以想想，當時並不知道二二八事件會鬧得如此大，所以不會存在著一開始就要銷毀的假設。讀者中如果有軍公教人員，應瞭解，所有電報的收件、銷毀，都必須建檔。所以，如果沒有白紙黑字的電報，就是個可能是「假消息」的二手資料。李筱峰應該也這個資料的不可信，因此，他轉而用蔣介石以往的作為來推斷，他應該在二二八事件中也一定會用「暴力」的方式處理。

如果處理的是一些小事，李筱峰如此寫作方式，多數人不會有意見，最多只是學問的品質問題而已，但是如果要說一個人是「元凶」，並背負著幾百個人的生命，在證據方面則需要更為謹慎。

再從李筱峰的自己推論來看，也是有問題的。而且瞭解蔣介石的一生就知道，蔣的性格特質並非「迷信暴力」，也並非「格殺勿論」。例如蔣介石在統一中國與軍閥混戰時期，以及蔣在剿共時期，德籍顧問屢次建議蔣作戰時要徹底殲滅敵人，但是蔣迷信中國「以德服人」之傳統，一再原諒敵人。當然，以往寬恕，並不表示在二二八事件中就沒有「格殺勿論」的可能。從往來的電報中，可以看出蔣介石的想法為何。

三月十三日致電陳儀：「請兄負責嚴禁軍政人員施行報復，否則以抗令論罪。」三月十九日電白崇禧：「據劉師長電稱，我軍一營追擊至塔里地方被匪包圍激戰中云，此應特別注意對殘匪之清，切不可孟浪從事，稍有損失以漲匪焰，尤特別注重軍紀，萬不可拾取民間一草一木，故軍隊補給必須充分周到，勿俟官兵藉口敗壞紀律，如果大軍入山，窮追更應慎重，請轉告劉師長為要，近情如何盼復。」上述電文並有手跡原件，可謂一手資料。當然，李筱峰等學者仍舊可能選擇不相信這些一手資料。但若連一手資料都不信，卻以二手資料或道聽塗說為依據，那就不是做學問應有的態度了。

當時的情形，蔣介石到底是否應派兵，這是一個見仁見智的問題。陳儀沒有能力控制暴動是事實，陳儀以行政長官名義要求派兵也是事實。當時台灣大多數地區實質已經「淪陷」，警察跑光了，警察的武器被暴民沒收了，除了軍隊駐守少數據點外，政令不出長官公署大門。蔣介石在陳儀要求下，是否應該派兵，是個主觀的認定問題，但是對於平亂時應有的軍紀要求，則是一個有客觀論斷的標準。蔣介石選擇出兵，但三申五令要求嚴守軍紀。當時軍警情治人員的確在清鄉時有報復的過當行為，但這是否就可以認為「蔣介石是元凶」？

三、蔣縱容「大屠殺」

在討論這個問題以前，先看看日據時期的台灣總督府是如何平亂的，什麼叫做縱容「大屠殺」。

不談乙未戰爭中，日本殖民政府是用什麼態度、以什麼方法來屠殺台灣人民。我們就舉當台灣人表示願意「歸順」後，日本殖民政府如何處理。一九〇二年後藤新平用誘殺策略消滅台灣中南部的抗日勢力，宣傳所謂《土匪招降策》。五月十八日佯稱以斗六、林圯埔（南投竹山）、崁頭厝（雲林古坑）、西螺、他裡霧（斗南）、林內（雲林林內）等六個地點，做歸順式場。五月二十五日誘騙二五四名抗日分子，將舉行歸順儀式。斗六式場六〇人，林杞埔式場六十三人，崁頭厝式場三十八人，西螺式場三十人，他裡霧式場二十四人，林內式場三十九人，然後用機關槍將式場內的歸順者全部殺戮。同時在六個式場殺害歸順者的這個屠殺案，史稱「雲林歸順場大屠殺」。後藤新平殺害「歸順者」的行爲，完全違反人性，甚而惡劣，也顯示出日本殖民的殘暴。

德國的希特勒，屠殺六百萬猶太人的惡行也載入史冊，但是今日，台灣有些人卻以政治需要，將蔣介石比擬爲希特勒，但是稍微有些知識與良心即知道，能這樣比擬嗎？

後藤新平的銅像卻仍然在台灣博物館，蔣介石的銅像卻遭肢解的命運，這是台灣要追求的正義價值？

蔣介石是否教唆或縱容二二八事件，可從一手資料看看在二二八事件發生後蔣說了些什麼？做了些什麼？

三月十日蔣介石「二二八事件廣播詞」略稱：「本人並已致電留台軍政人員，靜候中央處理，不得採取報復行動，以期全台同胞親愛團結，互助合作。」[40]

「三月蔣主席致陳儀電：基隆與台北情況，每日朝夕作三次報告。」

「三月十三日蔣主席致陳儀電：嚴禁軍政人員施行報復，否則以抗令論罪。」[41]當時蔣委員長從南京發電報給陳儀，指示陳儀對於二二八事件處理的原則，電報透過當時的譯電局，傳送的是密碼，透過譯電局翻譯成文字呈陳儀，陳儀正式批示公文，以及後來收到手諭，將蔣委員長手諭批交三十餘部下，包括連長隊等過目。可見陳儀有徹底執

40 陳興唐主編，戚如高、馬振犢編輯，《台灣二二八事件檔案史料（下卷）》，台北：人間出版社，一九九二年，頁674頁。

41 中央研究院近代史研究所，《二二八事件資料選輯（二）》，一九九二年，頁163。侯坤宏，《二二八事件檔案彙編（十七）》，台北：國史館，二〇〇八年，頁257，圖表8）

行蔣委員長不准報復的命令。一個電報有六分內容相同之檔案，可證明檔案之可信。陳儀這樣做的目的，乃希望部下看到流轉的手諭，用蔣的威望，貫徹不准報復的命令。由這套文件證明綠營所謂二二八善後處理，陳儀對蔣命令陰奉陽違以及蔣陳二人唱雙簧之說均係揣測之詞。

「三月十九日蔣主席致白崇禧電：據劉師長電稱：我軍一營，追擊至埔里地方，被匪包圍激戰中云。特別注意軍紀，不可拾取民間一草一木，不許敗壞軍紀。」[42]

從上述蔣介石三月十日廣播詞：「留台軍政人員，靜候中央處理，不得採取報復行動」；三月十三日電諭陳儀：「負責嚴禁軍政人員施行報復，否則以抗命論罪」；三月十八日電國防部長白崇禧：「尤應特別注重軍紀，萬不可檢取民間一草一木」等詞觀之，蔣介石的性格應非「迷信暴力」。

從以上的資料再還原當時台灣情況之嚴峻，大陸烽煙遍地，四面楚歌，蔣在那種處境之中，及時決定派兵，同時嚴令注意「軍紀」，不准「報復」。以目前的資料，以及蔣的性格作風，都不能證明蔣曾下令或縱容大屠殺。

---

42 中央研究院近代史研究所，《二二八事件資料選輯（二）》，一九九二年，頁211頁、圖表9。

評論一個歷史事件或一個歷史人物，往往蓋棺還不能論定，因為歷史評論的縱深、全局、因果關係均要相當時日才能瞭解。二二八事件發生迄逾七十年，七十年的沈思，七十年來的資料公開以及資料消化，以及近代史家對蔣個人歷史與蔣個人歷史地位重新評價，應可斷言蔣介石在二二八事件處理上並無過錯，至少目前的資料可以證明如此。

二二八事件紀念基金會公布了《二二八事件責任歸屬研究報告》，書中除了認定蔣介石是「元凶」外，其他如陳儀、柯遠芬、彭孟緝等軍政人員應負次要責任；其他軍政人員如張慕陶、范誦堯、劉雨卿等亦有責任。最特別的，在該研究報告中，認為當時所謂的「半山」，如省參議會議長黃朝琴、副議長李萬居、秘書長連震東、參政員林忠等是站在陳儀立場，幫助平息抗爭，而非站在台灣民眾立場，並認為事後的「清鄉」工作，多是因為「半山」協助，軍警才能羅列名單，逮捕台灣菁英，「半山」為二二八事件也要負責。另外，社會團體與媒體工作者，如國民黨台灣省黨部主委李翼中打壓異己，台灣省政治建設協會蔣渭川出面安撫群眾，中央通訊社葉明勳（後來擔任政府的《二二八事件研究報告》的召集人之一）站在陳儀政府和軍方立場，忽視台灣民眾意見和社會動亂真相，甚至建議南京政府派兵鎮壓。此外，線民、告密者、構陷者皆有責任[43]。

總之，《二二八事件責任歸屬研究報告》認爲，受害者都是無辜，而其他所有人，包括「蔣介石」、「軍政人員」、「情治人員」、「半山」、「社會團體與媒體工作者」、「線民、告密者、構陷者」，都是廣義的凶手。這就是這群「學者」所做的研究報告。

在面對外界質疑，二二八事件是「台灣人先打外省人，外省人才報復」或「改朝換代時總有屠殺或鎮壓事情發生」的說法，國史館館長張炎憲認爲，這種說法是爲統治者脫罪，而不是站在民主、人權理念上思考。國民黨「濫用公權力、派兵鎮壓，事後並合理化國家暴力行爲，並歸罪於被統治的台灣人民，違反人權、民主、自由的普世原則，充滿權力的暴戾與自大」[44]。

這位從來不掩飾自己是台獨者的國史館館長，這一番話反映的正是擁有權力後的傲慢與偏見，他與很多二二八事件的研究者一樣，只有一個答案，就是台灣民衆無故無辜地被迫害，而所謂的「民主、自由、人權」的定義，也是由他們界定。這樣的「研究報告」除了彰顯二二八事件應有的「政治正確」，對於社會的和諧有任何意義嗎？

43 張炎憲等，《二二八事件責任歸屬研究報告》，頁473-489。
44 同前書，頁488。

第五節　二二八事件的性質？

二二八事件的性質是「暴動」，反政府的「事變」或「革命」，或是追求「高度自治」的「政治改革」行爲？是一個至關重要的問題。二二八事件發生之初，官方多以「事變」來定位。「事變」指的是要推翻現有政府，希望能夠「改變現狀」。「事變」也可界定爲「革命」的範疇，「事變」與「革命」當然帶來「暴動」。如果只是爲了追求「政治改革」的「高度自治」，是否必須以「暴動」爲手段，還是應該在窮盡一切和平方法而不可得時，才應使用？

省文獻會出版的《二二八事變撫慰紀念碑拓本》、警備總司令部的《台灣省二二八事變紀事》、《掃蕩周報》黃存厚的《二二八事變始末記》、唐賢龍的《台灣事變內幕記》，均視之爲「事變」。獨派則將二二八視爲革命。例如王育德強調，二二八事件是台灣人爲了獨立發動的「叛亂」，「他們固然沒有喊出獨立的口號，但『三十二條要求』等於要求實質上的獨立，任何人都承認」。史明的《台灣人四百年史》當中，也有類似論述。王建生等人合著的《一九四七台灣二二八革命》[45]將二二八事件視為革命，認為「台灣人雖未明確揭櫫獨立建國，但在強調台灣的政治由台灣人自理」這個原則上極為明確。海外台獨刊物，亦多將二二八事件視為台灣人民反抗中國的革命。時至今日，這樣的看法仍是長老教會的主流看法[46]。

左派人士也將二二八事件視為「革命」或「起義」。例如，以「林木順」為名的著作《台灣二月革命》[47]、一九五一年王思翔的《台灣二月革命記》[48]、台灣民主自治同盟的《歷史的見證：紀念台灣人民二二八起義四十週年》皆是如此。一九八一年廈門大學還出版了《二二八起義資料集》[49]。當然，解嚴後，也有學者開始將其界定為追求「高度自治」、「民主自治」。但是近年來來，台獨主義者已將二二八事件做為台獨運動的開端。如果視其為「台獨」的開端，那麼二二八事件的性質就是一場不成功的「革

45 王建生、陳婉真、陳湧泉，《一九四七台灣二二八革命》，台北：前衛出版社，一九九〇年。
46 黃種祥，《二二八事件真相辯證》，頁258-259。
47 林木順編，《台灣二月革命》，香港：新民主出版社，一九四八年；台北：前衛出版社，一九九〇年。
48 王思翔，《台灣二月革命記》，上海：泥土社，一九四九年。
49 鄧孔昭編，《二二八起義資料集》，廈門大學台灣研究所，一九八一年版。

命」。

二二八是暴動、革命或是追求高度自治？這個問題應從兩個角度來看。第一，他們的動機爲何？第二，他們的行爲爲何？即當時做了那些事？是攻擊政府官署、軍隊設施，還是去攻擊學校與商店？主張爲何？

如果是起義或革命，攻擊官署或軍方、暴徒打長官公署均可理解，但是打非官員的外省人、搗毀所有機關學校、醫院，有無必要？當時學校，無論是老師、學生，幾乎都是本省人，民國三十六年，全台灣沒有幾個外省人在台灣唸書，暴徒爲什麼搗毀學校，包括育幼院在內？這是起義或革命應有的行爲，還是暴民趁機打劫發洩的行爲？有的人說，他們不是革命，只是追求「民主自治」，那麼尋求「民主自治」或「高度自治」，就可以打家劫舍？

以下《台灣二二八事件檔案史料》所公布的各個機關損失表，總共有一五七個單位。我們摘取部分如下[50]：

50 陳興唐主編，戚如高，馬振犢編輯，《台灣二二八事件檔案史料》，台北：人間出版社，一九九二年，頁七一八起。

機關名稱	公物損失價值	私人損失價值
宣傳委員會	600,000	1,218,860
地政局	39,000	264,160
營建局	170,800	713,000
合作事業管理委員會	42,000	188,220
醫療物品公司籌備處	68,510	452,390
營建公司籌備處	3,090,095	89,917
省育幼院	2,100,000	
樂生療養院	300,000	
衛生試驗所		119,870
檢疫總所		17,000
省立台北保健館		78,000
省立台北醫院	1,600	
省立共濟醫院		29,000
鐵路管理委員會	887,392	2,243,702
通運股份有限公司	562,000	736,208
公路局	300,000	3,413,692
財政處	214,400	2,698,980
紙業股份有限公司	147,000	237,500
窯業有限公司	698,200	161,650
電力公司	3,000,000	3,000,000
工礦器材股份有限公司	5,102,237	375,485
公共工程局	1,968,789	2,604,950
化學製品工業有限公司	438,000	1,758,040
橡膠公司	300,450	234,350
鋼鐵機械有限公司	6,000,000	5,000,000
印刷紙業公司	920,100	1,193,710
台灣工程公司	2,500,000	200,000
台灣畜產公司	452,000	486,799
農業試驗所	115,600	436,680
台灣茶業公司	203,600	534,860

機關名稱	公物損失價值	私人損失價值
警務處	1,134,325	10,358,967
警察訓練所	1,253,160	3,505,899
警察大隊	670,262	623,955
鐵路警察署	1,705,144	2,534,781
警務處警察電訊管理所	175,000	1,578,530
台北市警察局	6,500,000	1,500,000
台北市警察局第三分局	270,000	150,000
專賣局暨台北分局	8,538,600	15,629,660
樟腦有限公司	415,062	3,354,709
酒業有限公司	126,980	6,528,127
菸草有限公司	316,965	1,321,890
火柴有限公司	188,000	146,000
酒業有限公司第三工廠	429,508	917,700
貿易局及所屬新台公司	51,677,220	5,681,476
省編譯館	711,300	81,300
台灣省人壽保險股份有限公司籌備處	195,300	305,460
交通部台灣郵電管理局	494,605	3,000,000
省氣象局	471,976	4,273,985
省立台北商業職業學校	301,200	64,800
國立台灣大學		282,450
國立台灣大學法學院		137,500
省立師範學院	267,695	970,000
省立台北高級中學	63,200	
省立成功中學	152,000	190,000
省立台北第一女子中學		20,000
省立台北第二女子中學		608,800
省立台灣師範學校	53,480	38,500
省立台北女子師範學校	40000	443,000
台北縣稅捐稽徵處	948,605	
……	……	……

從以上統計資料，我們可以斷言，參加二二八的民眾成分非常複雜，動機也不單純，暴民並非是以軍警政府單位爲主要攻擊目標，反而有些打家劫舍、隨意攻擊的現象。

如果從暴動的規模與範圍來看，這的確是個全台的行動，沒有團體或共同訴求，很難形成如此大規模的暴動。

依台灣省警備司令部彙整各地戰況對二二八的記載報告，二二八期間全台各縣市財產損失情況統計如下表[51]：

51 國史館台灣文獻館，《二二八事件文獻續錄》，國史館台灣文獻館，一九九二年，頁462-463。

縣市	公物損失	私人損失	總計
台北縣	8,000,000	12,348,900	20,348,900
新竹縣	4,754,049	32,829,258	37,583,307
台中縣	890,000	35,000,000	35,890,000
台南縣	3,513,900	7,927,280	11,441,180
高雄縣	無資料	1,501,500	1,501,500
台東縣	138,760	1,520,960	1,659,720
花蓮縣	1,574,500	7,133,930	8,708,430
澎湖縣	無資料	無資料	無資料
台北市	125,619,373	228,712,882	354,332,255
基隆市	4,880,630	2,622,504	7,503,134
新竹市	8,022,366	19,841,658	27,864,024
台中市	1,321,358	8,540,605	9,861,963
彰化市	無資料	120,500	120,500
嘉義市	6,566,846	28,481,338	35,048,184
台南市	802,667	8,479,498	9,282,165
高雄市	7,810,651	36,279,240	44,089,891
屏東市	1,202,225	9,726,227	10,928,452
全省	175,097,331	441,056,280	616,163,611

在武器收繳擄獲數量方面，依台灣省警備司令部匯整各地戰況對二二八的記載報告，二二八期間有關武器收繳擄獲統計如下表[52]：

政治本來就會有立場，政府不是不能推翻，改朝換代本是歷史的常態，「暴動」與「革命」的定義，取決於朝野雙方各自的訴求，以及事後史書的定論。在二二八事件中，不乏要推翻民國政府統治、建立新政權的分子，也有純粹是藉機鬧事的暴民。不論爲何，後人，特別是相關者，在論及其「性質」時，必須要有一致的邏輯。

52 中央研究院近代史研究所編，《二二八事件資料選輯（二）》，台北：中央研究院近代史研究所，一九九二年，頁224。

名稱	單位	數量
步槍	枝	1,908
輕重機槍	挺	129
手槍	枝	185
擲彈筒	具	29
迫擊砲	門	5
戰防砲	門	1
步機槍	枝	34,678
手榴彈	箱	673
擲榴彈	箱	47
各種砲彈	顆	229
軍械刀	把	1,417
望遠鏡	付	2
鋼盔	頂	1,183
電話機	部	12
大小汽車	輛	5

噍吧哖事件的余清芳家屬會否要求日本殖民政府承認余清芳是「受難者」與賠償？清政府會否承認太平天國的行爲是「起義」？如果孫中山革命最終沒有成功，黃花崗七十二烈士的家屬可否向清政府要求賠償、承認其爲「受難者」或「烈士」？如果確是「起義」或「革命」，那麼就是權力的爭奪，權力雙方各爲其政治權力或理念而奮鬥，贏者改朝換代，輸者掉人頭、進監牢是歷史的常態。如果是暴民，也必然要接受法律制裁，除非是被污陷，或法律錯誤判決，因而沒有所謂的「受難者」或要求「賠償」之說。

也有學者認爲，二二八事件只是追求「高度自治」的行爲。陳芳明即認爲，即使如謝雪紅這樣採取武裝鬥爭，但她追求的只是台灣的「高度自治」，並非革命[53]。如果陳芳明這個定位正確，即當時提出「三十二條」，甚而成立「人民政府」的目的，不是推翻政府，而只是要求高度自治，所謂「高度自治」，不就是迄今北京所主張的「一國兩制」嗎？二二八事件紀念基金會每年都要紀念二二八事件，是否也同意參與追求「一國兩制」是很神聖的呢？日後台灣民衆是否可以用「成立部隊」、「成立人民政府」、

53 陳芳明，《謝雪紅評傳：落土不凋的雨夜花》，台北：前衛出版社，一九九一年，頁44。

「自稱政府主席」，並用暴力方式來追求「一國兩制」的「高度自治」？

這就是目前台灣在討論二二八事件時精神錯亂的地方。有台獨意識形態的學者或從政者，爭相為二二八事件爭取「革命」、「起義」的美名，視死者為「烈士」；但另一方面，又要求現有的政府（沒有被推翻的政府）要給其賠償，或追認其為「受難者」。如果如此做可以化解社會分歧，也無不可，但是有政治立場者卻是盡情地消費二二八事件，將其做為打倒國民黨、污名化蔣介石、定義民國政府是外來政權的工具。

學者習賢德也用了很多時間，對當時的警官、員警進行大量的口述歷史。這些當時第一線的人員的遭遇與感想，與現在「政治正確」主流論述卻是相距甚大[54]。賴澤涵認為二二八事件參加者背景複雜，性質也難界定。他認為「……此一事件背景的錯綜複雜，更增添了神秘性。參與反政府的人員除單純的高中生、大學生外，失意的政客、被日人徵召到海南島各地回台的失業青壯年，以及無知的盲從者，甚至一些流氓等，可說分子複雜」[55]。

根據當時官方檔案，二二八事件暴亂行為大致可分八大類：一、占據機關僭奪政

---

54 習賢德，《警察與二二八事件》，台北：時英出版社，二〇一二年，頁227-448。

55 賴澤涵，〈總論〉，許雪姬，《林正亨的生與死》，南投：台灣省文獻會，民國九十年，頁14-15。

權。二、搶奪軍械及軍警倉庫。三、毆殺及姦淫外省同胞。四、號召退伍軍人、學生，抽調壯丁，成立部隊。五、煽動台籍警察及原住民同胞響應叛亂。六、圍攻國防要地。七、強行派款抽捐。八、追求國際託管，尋求獨立。但是在「政治正確」下，暴民被說得跟一張白紙一樣無辜，以上八種人，全部包裹式的處理，只要是死亡，不論是什麼原因，均一律以同樣的標準；不論是後來被判刑而處死，還是在攻擊政府時而被擊斃或者失蹤，都是「受難者」，都可以要求政府六百萬元的「賠償」。

最終影響政府對二二八事件的性質定位的，還是政治考量，事件性質定位爲「群眾要求政治改革，卻遭政府無故壓迫屠殺」。台北二二八紀念碑即是如此記載：「……爲解決爭端與消除積怨，各地士紳組成事件處理委員會，居中協調，並提出政治改革要求。不料陳儀顢頇剛愎，一面協商，一面以士紳爲奸匪叛徒，逕向南京請兵。國民政府主席蔣中正聞報即派兵來台。……在鎭壓清鄉時，株連無辜，數月之間，死傷、失蹤者數以萬計……」

如果看完本書對二二八事件來龍去脈的介紹，可以發現這個「政治正確」詮釋完全與事實不符，但卻可以公然成爲紀念碑的碑文。如此怎能夠如碑文所期待的「警示國人，引爲殷鑑」？

如果我們是爲了撫平歷史的傷痛，那就不要消費二二八，更不應曲解二二八，謊言二二八。簡單來說，一個基本的道理：如果認爲二二八事件是政府處理不當，可以要求政府道歉與賠償，但不應該是不分是非的包裹式道歉與賠償。如果受害者是「鬧事的暴民」，在攻擊政府時受害或受傷，最多只能要求政府「補償」，而非「賠償」，金額也不能與眞正的無辜受害者一樣。如果認爲二二八事件是推翻政府的「起義」或「革命」，就沒有資格要求現在的政府賠償或道歉，而是等到現有的政府被推翻，正名制憲成爲新國家後，再追授爲「受難者」、「烈士」並補償，這樣才合乎應有的政治信仰與道理。不知道以「反中」爲意識形態的台獨者爲何可以接受，他們所認定的「受難者」、「烈士」，在大陸也被追謚爲「烈士」？如果認爲二二八事件是追求「高度自治」，而給予行爲高度肯定，那紀念者似乎也沒有什麼理由再去反對給台灣高度自治的「一國兩制」。

第六節　二二八事件的謊言有多離譜？

自解嚴起，有關二二八事件的檔案、資料、書籍、期刊、研究、報告，回憶錄等等，如雨後春筍地出現，但是資料與史實往往不符，甚至不實的敘述比正確的敘述還多，有者還太離譜。其原因如下：

第一，由於二二八事件是敏感問題，只能「擴大」、「加添」政府及軍隊殘暴、殘忍以合「民意」，而受害者家屬無法釋懷，因此諸多專家學者不願探討眞相而東抄西抄，以訛傳訛，抄自他人的著作，並註明資料來源，錯了也可以不負責任。第二，二二八事件受害者或其家屬，深仇大恨難以忘懷，故意誇大。第三，有些人喜歡講負面誇大不實之詞。第四，政治立場不同，鼓勵加深仇恨。第五，政客爲了政治利益。第六，有些人生性喜歡說謊話。

不實的訊息來自多方面，有是二二八事件當時的不實訊息，有是二二八事件之後的不實訊息，更不應該的是二二八事件在一九九〇年代起成爲「政治正確」的事件後，又產生新的不實訊息。

二二八事件不實報導與傳聞，助長了當時悲劇的擴大與之後仇恨難以化解，更遺憾的是不實報導與傳聞持續不斷。早期不實的報導來自官方與非官方，之後，漸漸的官方不再作不實的報導，而非官方傳聞則歷久不衰。

在二〇一七年，高雄有一位從來沒有見過面的朋友張清滄先生，他知道我也在研究二二八事件，特別請他公子寄了許多他的相關研究著作。張清滄並不是位學者，學歷只有斗南中學畢業，但是長期在政府行政部分工作，從他蒐集的資料，可以看出他是一位極爲認眞的業餘研究者。他有一本大著《眞相二二八：二二八事件七〇週年敢言》，其中有一章專門就二二八事件中不實的謊言、傳言一一挑出，以下是該章中若干例子，可以看出謊言的可怕與嚴重性[56]。

當時是二七部隊警備隊長的黃金島，曾當過日本志願軍，富有作戰經驗，參與二七部隊退入埔里後，與二十一師對抗，前衛出版社爲其出版《二二八戰士黃金島的一生》一書，另也常看到他的受訪紀錄，黃金島因而聲名大噪，但是他出版的書，卻是錯誤百出。受訪問時說：「二十一師從基隆登陸後，將人串在一起，甚至用鐵絲貫穿手掌，掃射後丟入大海。」[57]在基隆海面的浮屍多數受訪者看到的是用鐵絲捆綁，也有說鐵絲貫穿手掌、足踝，甚至有說：「國軍登陸後，機關槍亂掃射，將活生生的人排成數排，以

56 張清滄，《真相二二八：二二八事件七〇週年敢言》，高雄：自行出版，二〇一七年，頁277-301。
57 黃金島著，潘彥蓉、周維朋整理，《二二八戰士黃金島的一生》，台北：前衛出版社，二〇〇四年，頁102。

鐵線貫穿鼻子，以船戴至外海，再將人推落海中。」[58]鐵絲貫穿手掌、足踝、鼻子均非事實。讀者可以想想，如果要殺人，還要把對方先用鐵絲穿鼻子或手掌嗎？但是這種謊言，竟然也有人信，在網路上也有傳播。

《許曹德回憶錄》略稱：基隆火車站前的淺水碼頭，撈起幾百具屍體，每一個屍體都是雙手反綁，手腕之間以鐵線穿透人手骨肉而後纏繞[59]。《台灣二月革命》一書所稱「暴徒被用鐵絲穿過足踝投入海中」[60]，《二二八民變》亦稱「數百名被認爲暴徒的人們，足踝被貫穿鐵線，拋進海中」[61]，與林木杞先生之說詞相似。《基隆雨港二二八》有基隆林木杞先生受訪問時，自稱「雙手雙腳用鐵線反綁，鐵線從手掌穿過手背，雙腳則從脛骨穿過，小腿被刺刀畫了一個大刀口。他掉入海裏，雙腳的鐵線鬆了，游到遠處的岩壁才偷偷上岸，並有雙手被鐵線貫穿反綁的照片爲證」[62]。

58台灣省文獻委員會編，《二二八事件資料輯錄》，南投：台灣省文獻委員會，民國八十一年，頁661，受訪者：蔡水泉。
59許曹德，《許曹德回憶錄》，台北：前衛，一九九五年，頁119，頁47。
60王思翔，《台灣二月革命記》。
61楊逸舟著，張良澤譯，《二二八民變：台灣與蔣介石》，台北：前衛出版社，一九九一年，頁106。
62張炎憲等，《基隆雨港二二八》，台北：自立晚報，一九九四年，頁201。

受難者林木杞先生所遭受之不幸値得同情，但他的說詞正好反映出以上「暴徒被用鐵絲穿過手骨或足踝投入海中」其不合理性。請問：第一，脛骨用鐵線穿過如何移動腳步、走路？第二，一個人雙手及雙腳用鐵線反綁並貫穿，又受了傷掉入海裏，鐵線能輕易鬆脫嗎？第三，鐵線未鬆脫且身上又在流血，有能力游到遠處的岩壁嗎？

我們不禁還要問：軍隊有其一定的審問或處罰程序。很難想像，當地的司令會下令將暴徒不分青紅皀白地抓起來，然後沒有任何自白口供，就全部用鐵絲綁起來，丟到海裏面，造成港口漂滿浮屍。即使要殺人，有必要用如此的方式嗎？

很多訪談或回憶錄說，「軍艦甫靠岸，就用船上機槍向路上行人掃射」。這更是毫無軍事常識之謠言。艦上機槍主要用途是射飛機，角度對空。艦上機槍要射行人，恐怕要專門設計一個機槍座，讓機槍能夠朝下俯射才行。

這些基本的認識卻沒有辦法讓謠言止於智者。每年三月八日在基隆市都有紀念二二八事件的活動，其家屬共同控訴國軍的殘暴：一、軍艦甫靠岸就用船上機槍向路上行人掃射。二、被捕人犯用鐵絲穿過手掌列隊上船抛到海裏。三、基隆碼頭漂滿浮屍。但從以上說明來看，這些對國軍的控訴都與事實很大距離。另依照檔案資料顯示，二十一師部隊是三月九日清晨才抵基隆，且登陸時未遇任何抵抗，因爲戒嚴，路上根本沒有多少行人。

參加二七部隊，曾在埔里烏牛湳橋被國軍子彈打傷的蕭○瓶，受訪時略稱：「我們學生軍曾目擊當時遭二十一師屠殺的二七部隊學生軍屍體，軍隊用好幾輛卡車來回清運屍體，慘不忍睹，我們躲在遠處的草叢內暗自打顫流淚。」實際上並無蕭○瓶所說之事[63]。

出現在大陸的書刊也是報導國民政府軍是多麼殘忍，如「湖北人民出版社」出版的《台灣人民民族解放鬥爭小史》略稱：「三月八日，蔣軍登陸後，對於人民不管死的、活的、傷的、男的、女的、老的、幼的，都用鐵絲捆縛在一起，拋入海中，屍滿海面。蔣介石集團不到一個星期時間內，屠殺了三萬多人」。曾是監察委員的何漢文於《湖南文史資料選集》第四輯略稱：「高雄市被擊斃的民眾大約在二千五百人以上。台中在街道要衝地方，許多人家是全家人死盡，絕了人煙。總計台灣同胞在這次起義中死亡的最少有七、八千人。」[64]

高雄人張清滄先生自己也去訪問一位住於高雄市愛河附近的陳○○，他說：「三月

63 張清滄，《真相二二八：二二八事件七○週年敢言》，頁291。
64 同前書，頁290-291。

六日在路上差點被士兵射殺。目睹高雄市愛河，受害死難的民眾屍體堆積掩過愛河水面。」張清滄特地多次問他是否親自目睹，「他強調確是親自目睹慘狀，他還說傳聞高雄市死亡數千人是不正確的，應有數萬人才對。所以他這輩子不說國語」。張清滄在他的著作中說，「事實是，二二八事件在愛河死難的只有一人」[65]。

有嘉義受訪者說，二二八事件時他參與攻打紅毛埤火藥庫，他們輸了，至少死五千人[66]。張清滄查證說，實際上，紅毛埤火藥庫的軍隊撤離到嘉義機場，才有抗爭群眾進入火藥庫，並未發生戰鬥，何來至少死五千人？[67]

三月六日高雄要塞司令彭孟緝被迫出兵平亂的行為，卻被以謊言包裝，扣上「高雄屠夫」的惡名。例如「高雄中學校園全染鮮血，屍體堆積如山」，甚至說在高雄中學內死了二千人。接受台灣省文獻委員會訪問的羅先生說，他到現場看到當時在高雄中學被槍斃的不下兩千人，而在火車站附近被槍殺的也有數千人。實際上高雄中學內一個人

65 同前書，頁291。
66 張炎憲等，《雲嘉平野二二八》，台北：自立晚報，一九九五年，頁113。
67 張清滄，《真相二二八：二二八事件七〇週年敢言》，頁291。

也沒有死，火車站附近約有十人死亡，羅先生的說詞顯然太離譜[68]。也有人說，有抗爭群衆盤據在高雄火車站對面的長春旅社而遭到殺害，死了三百多人，事實上也沒有人死亡，而當時的旅社老板女兒在二二八事件後還嫁給憲兵隊李先生，成爲李太太。

《一九四七台灣二二八革命》一書也說，三月六日這天「處委會當場被殺者三十多人，受傷一百多人，傷者因無人送醫，後來也全部喪生，……部隊在市府裏濫殺之後，一面奪走死者財物，一面順手把屍體拋入愛河，一時愛河成爲血河，河面盡是浮屍……在寒雨中，……國民黨軍在高雄市進行瘋狂的『殲滅戰』，……市內處處有巷戰，最後一個前金派出所終告失守，學生們寧死不屈，全部壯烈成仁，此後一連三天，高雄市遭到空前的大屠殺，火車站一帶的濫殺更爲徹底……彭孟緝部隊利用車站地下道做爲屠宰場，將無辜市民趕入地下道，以武裝士兵守各出入口，然後開槍掃射，一時地下道裏淒厲的哭喊聲不絕，死屍堆疊，血流成河」[69]。事實上，在高雄市政府因爲群衆陳亮谷等向軍隊丟手榴彈，而遭致反擊，致使在現場有約三十名群衆不幸遭要塞軍隊還擊射殺外，其餘所謂「處委會人員三十多人當場被殺」、「傷者一百多人無人送醫而全部喪

---

68 同前書，頁291。

69 王建生、陳婉真、陳湧泉，《一九四七台灣二二八革命》，頁196-197。

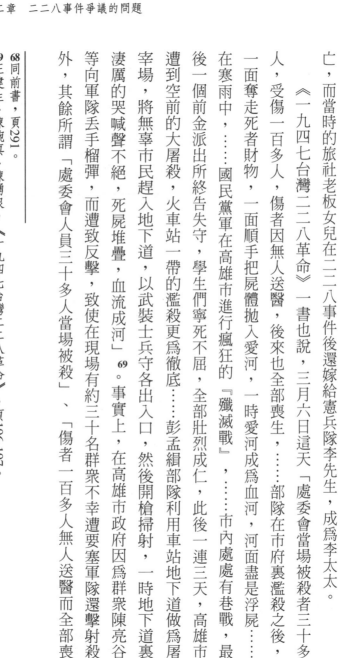

生」，「愛河河面盡是浮屍」，「處處有巷戰」、「學生全部壯烈成仁」、「車站地下道作爲屠宰場」均非事實，但是這些以訛傳訛的誣陷說法，也使得彭孟緝背上「高雄屠夫」的惡名。

至於二二八事件中，整個高雄市死亡失蹤人數究竟有多少人？來台調查的監察委員何漢文指出，事後彭孟緝向他報告：「從三月二日到十三日，高雄市在武裝暴動中被擊斃的暴民，初步估計，大約在兩千五百人以上」[70]。但彭孟緝說他未曾向何漢文報告。事實是：高雄市政府的《高雄市二二八事件報告書》合計一二五人。台灣省文獻會在一九九四年二月二十七日發布的二二八事件死亡失蹤名單，高雄市確定死亡六十八人，失蹤二人。保密局檔案顯示，本省人死亡九十餘人，外省人死亡四人[71]。

楊逸舟於一九七〇年二月在日本東京所著《二二八民變》，由張良澤先生譯成中文，並於一九九一年三月在台灣出版。楊逸舟於書中「前言」部分自稱：這本書是人類良心的記錄，他於二二八事件不久，花了一個月時間，跑遍全島向三教九流各階層的島民，聽取民變當時的實情。再從這些目擊者與體驗者的證言中，選出可信度最高的整

70 張炎憲等，《二二八事件責任歸屬研究報告》，頁263。
71 張清滄，《真相二二八：二二八事件七〇週年敢言》，頁306。

理下來[72]。譯者並吹噓，楊逸舟歷任「汪精衛政府與蔣介石政府的中央高官」，於民國三十六年八月奉內政部長張厲生之特命，返台密查。主要任務是密察台灣民情及省長魏道明貪汙眞相。

既然楊逸舟宣稱他跑遍全島又向三教九流各階層請益，並將可信度最高的整理下來，那麼該書對二二八事件眞相的釐清應有很大幫助，實際則完全不然。《二二八民變》一書不但諸多與事實不符，有者還太離譜。例如書中所稱，三月八日在基隆，登陸的士兵對著碼頭工人，「未加任何警告就突然用機鎗掃射，瞬時有數十名、數百名工人應聲倒下，悲鳴與哀號四起」，「數百名被認爲是暴徒的人們，足踝被貫穿鐵線，三五人一組被拋進海中」[73]；「基隆市警察局在要塞司令部的指揮下，拋入海中的市民達二千人……軍人及學生死傷人數，則不在此數目之內」[74]；「包括台北郊區，則約六千人被殺，基隆、宜蘭方面，約有五千人被殺」；「嘉義市及機場的攻防戰極爲慘烈，計約五千人陣亡。高雄市方面，台灣軍於激戰之餘，約死亡五千人」；「死亡者約二萬

72楊逸舟著，張良澤譯，《二二八民變：台灣與蔣介石》，台北：前衛出版社，一九九一年，頁11。
73同前書，頁106。
74同前書，頁107。

人，輕重傷者約三萬人」[75]。

上述楊逸舟所稱基隆、宜蘭、嘉義、高雄及全省的二二八事件死傷人數，均與事實不符。《二二八民變》一書廣泛流傳且被深信，楊逸舟又自稱「可信度最高」，至今許多專家學者深信不疑。

楊逸舟另一本著作《受難者》，書中有關二二八事件之敘述，同樣與事實不符且過於離譜。例如稱「壽山的中國部隊攻進高雄市內，無差別地屠殺了男女老幼約四、五千人。市政府前彈夾堆積如山，可見雙方攻戰的猛烈」。又稱「部隊從女屍上掠奪飾物，套戒指的就被切斷手指，套手環的就被砍斷手臂，掛耳環的就被割下耳朵」、「中國軍於二週之內，殺了二、三萬以上」[76]。

另一本《台灣二月革命》也是廣泛流傳且被深信的書，是由「二七部隊」的楊克煌，早於一九四八年二月二十八日在香港以小冊子發行，一九九〇年二月以署名著者

75 同前書，頁124。
76 楊逸舟（杏庭）遺稿，張良澤譯，《受難者》，台北：前衛出版社，一九九〇年，頁109。引述自張清滄，《真相二二八：二二八事件七〇週年敢言》，頁293。

「林木順」在台灣出版[77]。書中略稱：「是根據曾經領導或參加過這次民變的同志提供資料編成的，所以其『確實性』是十足可靠」[78]。但此書與《二二八民變》同出一轍，有諸多與事實不符且離譜之處。例如書中所稱：三月八日，「數百名十八、九歲的中學生……被押到圓山倉庫前面廣場被國軍擊斃」[79]。「據私人統計，只台北市被殺的約二千餘人，被補的也有千餘人，大半都慘殺以後被拋棄於淡水河裏，以致黃色的河水變了紅色，一個一個屍體浮上水面，其慘狀使人挑面不敢正視」[80]。三月九日在基隆，「在石延漢市長指揮下，警察到處捕人，捕了數百個『奸匪』？『暴徒』？……用鐵絲

77 林木順編，《台灣二月革命》，台北：前衛出版社，一九九〇年。林木順生於一九〇四年，台灣南投人。一九二二年入學台北師範學校，一九二四年與李友邦共同襲擊日本警察派出所遭退學，與謝雪紅相戀同居，兩人與李友邦共赴上海，進入陳獨秀創辦的上海大學就讀，並加入中國共產黨。一九二五年赴莫斯科就讀莫斯科中山大學及東方大學，後被第三共產國際指派與日本共產黨聯繫，籌建台灣共產黨，組織「上海台灣反帝同盟」。一九三一年日本警察在上海租界搜捕「上海台灣反帝同盟」成員，林木順在逃脱時失蹤，從此沒有消息。編者楊克煌以林木順為名出版《台灣二月革命》一書，應是為了紀念林木順，但也可知本書為左派共黨人所編，內容是「根據曾經領導這次民變的參與者提供的資料編成的」。

78 同前書，頁7。

79 同前書，頁42。

80 同前書，頁43-44。

穿過足踝，每三人或五人為一組，捆縛一起，單人則裝入麻袋，投入海中，天天海面都有死屍浮出。要塞司令史宏熹也率領武裝同志逐日大捕大殺，其屠殺方法，殘酷絕倫。二十名青年學生，被割去耳鼻及生殖器，然後用刺刀戳死」[81]。三月五日在虎尾，「聯合部隊包圍蔣軍……雙方傷亡均很慘重」[82]；三月十日在斗六，「陳篡地部隊與蔣軍，在斗六街道上發生大規模的遭遇戰」[83]。在高雄市，「三月五日，……本省籍警員二百餘名參加起義，市內一切軍政機關，一律被民眾占領，被集中的官兵已達七百名之多。另一部分民眾進攻高雄監獄，放出犯人二百餘人」[84]、「殺人鬼的蔣軍殺得瘋狂了……由學生堅守中的前金派出所被蔣軍奪回，學生不留一人，全部戰死」[85]、「……彭孟緝殺下山來以前，已經預先聯絡鳳山駐軍趕來夾攻……直殺至八日，不分晝夜，槍聲不絕，馬路上、街頭巷尾，到處是死屍，有的已經開始腐爛，有的在流血，卻沒有人敢出來收拾。……這樣，高雄市民的英勇起義，屍橫高雄山，血流西子灣，犧牲了數千人民

81同前書，頁46-47。
82同前書，頁88。
83同前書，頁89。
84同前書，頁99。
85同前書，頁100。

的生命，終於被野蠻的蔣軍鎮壓下去了」[86]。三月五日在屏東，民衆「以消防隊的水龍管噴射汽油，火攻憲兵隊……隨後擁至飛機場圍攻」[87]。

以上所述均毫無事實，簡直是鬼扯，在網路上卻看到不少讀者在發表其讀後感言時，都是熱淚盈眶，悲憤莫名。《二二八民變》作者楊逸舟認爲他的書是「可信度最高的整理下來」，而《台灣二月革命》的作者楊克煌也認爲他的書，「確實性是十足可靠」，但是這兩本書的共同點是諸多與事實不符，有的還太離譜，造謠胡說，錯誤率百分之九十以上，但至今有許多人還是深信該兩書的不實報導，不少專家學者也不例外。

《台灣二月革命》、《二二八民變》及蘇新（筆名莊嘉農）所著《憤怒的台灣》[88]，爲諸多研究、探討二二八事件者所借重參考，但是這些書諸多虛構不實，而另

86 同前書，頁100-101。

87 同前書，頁104。

88 莊嘉農，《憤怒的台灣》，台北：前衛出版，一九九〇年。蘇新，《憤怒的台灣》，台北：時報出版，一九九三年。以上兩者為同一本書。莊嘉農為蘇新的女兒蘇度黎，以莊嘉農為名出版該書。該書在描述死亡慘狀時，幾乎與《台灣二月革命》一書雷同，例如在描述高雄事件時，也是相同記述：「高雄市民的英勇鬥爭，屍橫高雄山，血流西子灣，犧牲了數千人民的生命，終於被野蠻的蔣軍鎮壓下去」，頁137。

一《台中的風雲》[89]（古瑞雲著，筆名周明），內容亦諸多不符史實。這些書都有一個共通點，作者都是當時曾任中共在台灣的地下黨員，在二二八事件後，有的前往香港或其他地區，然後用文字來渲染當時國民政府多麼殘暴，由於當時在台灣談二二八事件是禁忌，因此，他們的書反而成為唯一的「紀錄」，在海外廣為流傳，成為海外台獨引述的資料。後來再傳回台灣，或在台灣再版，也成為反國民黨者醜化國民黨的工具。歷史就是這麼諷刺，在二二八事件上，台獨與共黨的立場幾乎一致，都把當時的國民政府塑造成無惡不作的殘暴者。

《憤怒的台灣》一書中寫到，「蔣軍第三飛機場官兵五百多人，看見人民武裝力量強大，不敢抵抗，派代表至『作戰總部』投降，於是台中市的蔣軍全部被殲，所有俘虜，皆被收容在台中監獄，等候人民政權的處置」[90]。

當時是台中「空軍第三飛機製造廠」李准慰，於二二八事件時會見謝雪紅等人而和平解決「空軍第三飛機製造廠」的危機。李准慰看了《台灣二月革命》及《台中的風雲》兩本書後說：「看了這兩本書後，大吃一驚，眞是虛言虛詞，胡扯揑造，像這樣

89 古瑞雲，《台中的風雲》，台北：人間出版社，一九九三年。古瑞雲為「二七部隊」部隊長副官。
90 蘇新，《憤怒的台灣》，頁130。

二二八的眞相被扭曲，怎麼向台灣同胞，尤其是歷史所交代」、「《憤怒的台灣》爲吹捧謝雪紅，難免與事實有出入」[91]。

高雄市文獻委員會也於民國八十三（一九九四）年十二月出版《續修高雄市志》〈（卷八社會志）二二八事件篇〉，其中之高雄地區二二八事件死亡、失蹤者名單，高雄地區二二八事件被捕或通緝者名冊應是事實。但是許多民國八十五年以後出版的書，專家學者們還是捨近求遠，就高雄市部分喜歡引用一些以往離譜的舊資料或荒誕不經的傳聞，也就是寧願繼續以訛傳訛、將錯就錯，令人費解[92]。

《台獨》雜誌引述《紐約時報》三月二十九日報導高雄市之情形，指中國軍隊入街以機槍掃射民眾，到處掠奪、強姦，至少有數百人死亡。早在三月三日發出的電稿，台灣已有三至四千人被殺，三月二十八日目擊者的觀察說被害人數已逾一萬。不但如此，美國觀察家均認爲他們的估計是保守的，實際的數目遠比估計的高。「一剛從台北到達中國的美國人說，從大陸來的軍隊在三月七日到達台灣後，馬上展開長達三日的盲目屠殺及搶劫。……到處有死屍。……不少人頭被割斷，身體殘缺不全。……屍體留在公

91張清滄，《真相二二八：二二八事件七〇週年敢言》，頁294。
92同前書，頁296-297。

園裏，中國人不准人將它移去。……數千台灣人被打入監獄，其中不少被細小的鐵線捆住，鐵線深割入肉。」[93]

作者是小林善紀，日本知名的台灣史專家，在其《台灣論》一書中稱：「國民黨政權在一個月中，便屠殺了兩萬八千名以上的台灣人」[94]。

美國人柯喬治（葛智超）的《被出賣的台灣》一書，更是錯誤百出，其中有的是道聽塗說，更多的是自己的編撰，舉例如下：「架在卡車上的機槍隊沿著公路行駛一二十英哩，向鄉村街道濫行射殺三天……」、「有個外國人在台北東區的路旁計數到三十多具身穿學生制服的年輕屍體，他們的耳鼻被切掉，還有很多被閹割，有二個學生在靠近我門前的地方被砍頭」[95]、「在高雄地區，國民黨強迫受害人家屬在大街上目睹親人被殘酷地處死……」、「在屏東市，整批將近四十五位在地方政治擔任各項職務的台灣人被帶到附近的一個刑場，事後從機場傳來一連串的槍聲」、「軍隊把一位台灣人代表捉

---

93 鄧孔昭編，《二二八事件資料集》，台北：稻鄉出版社，民國八十年。頁429-432。該書稱，「《紐約時報》相關二二八的報導」的資料，引自原載《台獨》第三十六期。

94 小林善紀著，賴青松、蕭志強譯，《台灣論》，台北：前衛出版社，二〇〇一年，頁15。

95 柯喬治（葛智超，George Kerr）著，陳榮成譯，《被出賣的台灣》，台北：前衛出版社，一九九一年，頁294-295。

來，又召來他的妻子兒女，在廣場上，讓他們目睹親人被砍頭」[96]。在宜蘭地區，「一大堆當地市民立刻被逮捕，那位醫院院長、一個醫生、五位委員會同事及一百人以上的『普通』的台灣人都全被處死」[97]。「台灣的流亡領袖，控訴在三月裏有一萬人以上被屠殺，我必須假定不會少於五千人，加上自三月以來經因參與事件爲藉口而逮捕及處死的數千人，這數目可能達及經常由台灣作者所說的二萬人」[98]。

一位外國人自稱遍遊台灣，詢問販夫走卒、各行各業，有關二二八事件「大屠殺」的回憶。他說：「港都的男女老幼被迫跪在溪畔以機關槍掃射；花蓮一部客車被部隊強行徵用載軍隊，往台北途中，司機將車衝入大海，這個故事迄今仍爲全島耳熟能詳；在台東有原住民部落因反抗國民黨，因而受到軍隊攻擊；幾乎所有學生的家族之中，都有親人遇害；高雄有二千七百人遭到屠殺……」[99]看了這些文章，眞讓人懷疑這些所謂的「外國人」是眞還是假。

96同前書，頁288-289。
97同前書，頁299-300。
98同前書，頁303。
99夏榮和、林偉盛、陳俐甫譯，《台灣・中國・二二八》，台北：稻鄉，民國八十一年，頁174-175。

張清滄在其大作中還指出其他諸多不實的報導與傳言：「三月八日船進基隆港，軍隊立刻架起機槍向岸上群衆亂掃，很多人頭破腿斷，肝腸滿地；基隆要塞司令率領部隊，割去二十名青年學生的耳鼻及生殖器後，再用刺刀戳死；國軍二十一師登陸了，從九日起，台北到處都是槍聲到處都是血肉淋漓的死屍、所捕平民四、五十人由三層樓上推下，跌成肉餅，未死者再補以刺刀；台北市被殺的約有二千餘人，大半都被慘殺以後被棄於淡水河裏，以致黃色的河水變了紅色；台中的蔣軍竟以軍卡數輛各裝載機槍、步槍，駛入市區，以機槍掃射市街；高雄的彭孟緝士兵在市區內見到年輕人就抓，然後以鐵線綑綁，若有反抗或不滿分子，也不管三七二十一就將其丟入海裏；屏東的民衆先斷絕憲兵隊的水源，然後用消防隊的水龍管噴射汽油，進行火攻。」[100]稍微有常識的讀者應該可以瞭解，當時的政府軍與人民並沒有什麼血海深仇，是不可能如此做的，但是這些謊言，迄今仍然沒有消失。

這位只有高中學歷的研究者張清滄，在自發性研究二二八事件後有感觸：「二二八事件之後至解嚴之前，這期間討論二二八事件是一禁忌，故不實的資訊以訛傳訛、將錯

100 張清滄，《真相二二八：二二八事件七〇週年敢言》，頁295-296。

就錯，因此不實的報導與傳聞在所難免。解嚴之後，二二八事件是可以公開討論的，況政府也陸續公布二二八事件相關檔案，而相關論著、文章也陸續公諸於世，遺憾的是相關論著、文章所報導的仍諸多與事實不符。」[101]

不僅如此，學者們在詳述二二八事件時，不負責任的也是比比皆是，這裏不提那些搖旗吶喊的學者教授，僅就幾位在學術界已有名望的研究者爲例說明。民間研究者武之璋對此進行了嚴厲的批判。

一是張炎憲在任國史館館長期間出版了一套《二二八事件檔案彙編》，在「序言」部分稱：「事件的元凶與歷史的眞相早已呼之欲出，只是找不到白紙黑字的原始證據而已。」[102]武之璋批評說：「張炎憲身爲國史館館長，當時又是民進黨執政，館長找不到白紙黑字的證據，誰又找得到呢？既然找不到白紙黑字的證據，如何敢說『原凶』已經呼之欲出呢？」[103]

101 同前書，頁297。
102 張炎憲總編輯，簡笙簧主編，《二二八事件檔案彙編》，台北：國史館，二〇〇二年，頁4。
103 武之璋，《二二八的真相與謊言》，頁186。

二是國史館另一本書《長官公署省參議會檔案彙編日產篇》[104]上、下兩冊，編者是歐素瑛博士。編者在「序言」中嚴厲譴責接收大員的貪污及侵占日產行爲，甚至認爲連產權清楚的台灣人房地產都橫遭侵占，台灣日產接收法令與內地不同，使台灣人吃了大虧引起民怨等等，好像在日產接收問題上長官公署犯了滔天大罪似的。武之璋先生爲此特別用了非常多的時間，將上下兩冊進行分類分析，將書中內容分爲「台人企圖侵占日產未遂之陳情案」、「法令矛盾引發糾紛案」、「日人軍方強占台人土地要求發還之陳情案」等類，全然沒有編者所謂無理強占台灣人房地產，也找不到一件影響台灣人權益的案子[105]。

武之璋認爲，以歐素瑛的學術水準，應不會寫出這樣一篇與書中內容完全相反的序，因而合理懷疑，上下兩冊書的編纂以及序言，「歐博士只是掛名，實際完全沒有參與，所以會出現與內容不符的序文。果眞如此，是否也太負責任了？」[106]

三是二〇一五年中研院台史所出版一套《保密局台灣站二二八史料彙編》共三冊。

104 歐素瑛編，《台灣省參議會史料彙編：日產篇一》，台北：國史館，二〇〇九年，頁1。
105 武之璋，《二二八的謊言與真相》，頁189。
106 同前書。

陳翠蓮博士在「序」中提及：搧風點火、反間、引蛇出洞、貪污索賄等情況[107]。武之璋也對此進行了查證，他細看了內容後，他認爲無陳翠蓮所說的相關情況，並認爲陳翠蓮誇大了保密局的功能。當年國軍戰鬥部隊在台不足五千人，分散在數十個據點，變亂一起，兵力不足分配。如攻打嘉義機場有二、三千人之多，守嘉義機場者僅一個班。以保密局在台時間之短，人員之少，只有蒐集情報的功能，所謂潛伏在叛亂團體中如林風者[108]，除了蒐集情報，並沒有發生任何作用。檔案中，也有不少保密局人員替當事人澄清案，如董貫志之報告[109]，檢舉流氓李金獅、台北機場技術員代爲涉案家人保釋案爲由的騙錢案，台南市警察局巡官黃長安暴動期間向酒家、旅社的募款案[110]等[111]。

至於搧風點火、引蛇出洞等指控也與事實不符。因爲保密局既無此能耐又無此必要。當時狀況急如星火，全省都已淪陷，縣市長不是逃亡就是被拘，政令不出長官公署大門，省警備總司令部參謀長柯遠芬、憲兵第四團長張慕陶、省黨部主委李翼中及其他

107 許雪姬主編，《保密局台灣站二二八史料彙編（一）》，台北：中研院台史所，二〇一五年，頁iv-v
108 同前書，頁34。
109 同前書，頁210。
110 同前書，頁233。
111 武之璋，《二二八的謊言與真相》，頁189。

許多單位紛紛電告中央台灣情勢嚴峻，非派兵不足以平亂。這種情況下，中央已經有足夠理由派兵，何須保密局出馬引蛇出洞，製造出兵的理由，蛇早已出洞四處咬人了，何需再畫蛇添足呢[112]？

台灣史專家戴國輝先生是這樣寫到，他爲何走上二二八的研究：

當年的國府雖然沒有明令禁止「二・二八」的研究，但人人自危的社會氛圍下，當然就沒有人敢去碰它。當局對整個事變諱莫若深，極盡掩蓋之能事。經歷過「二・二八」的世代，對當年國府接收人員的貪婪殘酷與鎮壓事變時的凶狠毒辣，雖有極深的憎恨與惶恐，但在國府戒嚴高壓體制下的台灣島內，除了偶爾私下吐露幾句憤懣之詞外，只有噤默不語，不敢聲張；而戰後出生的世代則靠著父母輩的一些傳聞，擷取一鱗半爪，滋長出不斷增高的憤懣與抑鬱。「台獨」人士則利用國府的不當禁制措施，置「二・二八」的歷史真相於不顧，反而利用其「黑盒子」製造些神話，誇張失實地大作政治性的煽動蠱惑文章，有意無意地藉此製造仇恨，加深省籍矛盾，以求擴充政治資本，趁而建構其「台灣民族論」及

112同前書，頁190。

凝聚其「台灣人意識」，企圖為奪取政治權力鋪路。這種作法只會造成歷史悲劇的惡性循環，無法療傷止痛，達到吸取歷史教訓的目的。[113]

戴國輝這段話，正好爲其書名的副標題「神話與史實」做了最好的詮釋。二二八的謊言不要再以「神話」出現，回歸「史實」，才是台灣之福。

---

113 戴國輝、葉芸芸，《愛憎二二八：神話與史實：解構歷史之謎》，台北，遠流出版社，一九九二年，頁10。

第三章

二二八事件因素的探討

第一節　經濟民不聊生？

經濟感覺與經濟數字往往是兩件事。前者會產生政治問題，後者是客觀的經濟解釋。如果在太平盛世，不會有問題，但是處在不穩定的年代，就會出問題。

我們先從民衆的經濟感覺來談。單純取締私菸、誤傷民衆並不足以掀起民變，必然有更大的背景原因。從一九四六年十一月八日米價暴漲三倍開始的「惡性通貨膨脹」，顯然是最重要的背景環境。幾乎所有相關書籍評論，均認爲經濟因素是二二八事件暴發的重要因素。

潛伏的惡性通貨膨脹早在第二次世界大戰時，就已經累積龐大通貨膨脹的壓力。日本殖民政府用物價管制、物資配給，表面上把物價控制住，其所發行的「台灣銀行券」早已一文不值，卻都被日本殖民政府用物價管制遮蓋住。陳儀犯的最大錯誤，就是不服南京民國政府的行政院領導，拒絕南京中央銀行發行台灣貨幣。陳儀一九四五年接收台灣總督府（日本殖民政府）後，讓日本人繼續掌控台灣銀行至一九四六年，且任由日本人濫發「台銀券」，搶購物資，運回日本。陳儀自行找仍然控制台灣銀行的日本官員發行「台幣」，且「台幣」用一比一兌換日本殖民政府發行的「台銀券」。這等於南京民國政府全部承接日本殖民政府已累積多年的通貨膨脹債務。在政治上讓南京民國政府承擔日本殖民政府的通貨膨脹責任，台灣人會覺得日本殖民政府時代物價平穩，南京民國政府一接手台灣島，物價立刻暴漲，當然會直覺地怪罪南京民國政府。更扯的是通貨膨脹已勢如脫韁野馬，陳儀還在一九四七年一月九日宣布調高土地稅百分之三十，這簡直是提油救火。陳儀解釋說提高稅金充作教育基金，卻無人相信。因此，經濟因素，經常被視為是二二八事件發生的原因之一。

然而從當時中央銀行總裁張公權的一份研究文章〈台灣光復初期與大陸之經濟關係〉[1]，可以發現其實當時台灣的經濟情況，並不如多數學者所謂的急遽衰退，與其他地區比，通貨膨漲也不算特別嚴重。

首先，二次世界大戰後，各國均經歷此場世界性浩劫，通膨基本上是全球所面臨的經濟課題，有學者研究指出，從一九四六到六八年間，台北與中國各省主要城市的經濟

1 張公權著，姚崧齡譯，〈台灣光復初期與大陸之經濟關係〉，《傳記文學》，第三十七卷六期，一九八〇年十二月，頁101-104。

數據比較情況，可看出台灣的通膨率是相對較小的[2]。

從本頁下方表格觀察，當時台北與中國各省主要城市的經濟數據比較情況，則看出台灣的通膨率是相對穩定且健康的[3]。

其次，這段時間內（1946.2-12、1947.1-4、1948.8-12）三段時期的物價指數對比，除了一九四八年十一月起，上海的物價指數突然高過台北數倍，其他時間，兩個城市的物價指數並沒有特殊的差異。

從1946.2-12、1947.1-4、1948.8-12三段時期舉證，滬台物價指數的對比[4]（見下頁表）。

2 劉錦添、蔡偉德，〈光復初期台灣地區的惡性通貨膨脹〉，《經濟論文叢刊》，第十七輯第二期，一八九八年。

3 劉錦添、蔡偉德，〈光復初期台灣地區的惡性通貨膨脹〉，《經濟論文叢刊》，第十七輯第二期，頁239。轉引自劉士永，《光復初期台灣經濟政策的檢討》，台北：稻鄉，二〇〇七年，頁193。

4 《台灣物價統計月表》，轉引自劉士永，《光復初期台灣經濟政策的檢討》，頁214-215、頁220。

時間	台北	上海	廣州	東北
1946	10.8	15.54	8.0	12.3
1947	19.3	22.38	23.29	33.2
1948.1-1948.7	26.8	50.93	52.17	53.6
1948.8-1949.5	54.54	135.50	135.14	

第三，若觀察農工業產量的情況，也可發現光復後，台灣農工業產量是獲得顯著提升的。張公權說：「在日本投降之前夕，台灣整個生產機構業已破壞。中國政府前來接收時，大部分工廠均遭轟炸損燬。即稻米產量，亦由一九四一年約一千五百萬（15,140,288）公石，降爲一九四五年的七百餘萬（7,476,024）公石。經過接收後兩年之努力，台灣情形顯見好轉。一九四七年稻米產量計爲約一千四百萬（14,184,111）公石，幾乎已經快回到一九四一年的水準。另外，蔗糖與茶葉產量均大見

時間	上海	台北
1946.2	163.8	124.0
1946.3	142.4	123.3
1946.4	93.9	114.2
1946.5	114.2	114.5
1946.6	108.8	101.8
1946.7	107.4	105.4
1946.8	105.1	103.1
1946.9	119.9	95.8
1946.10	119.6	105.1
1946.11	99.4	102.3
1946.12	111.0	109.2
1947.1	121.1	122.7
1947.2	146.2	161.3
1947.3	103.1	123.0
1947.4	115.8	98.7
1948.8	188.3	123.7
1948.9	121.8	120.8
1948.10	122.3	220.2
1948.11	1119.9	200.0
1948.12	140.2	91.6

增加。茶葉一項，一九四八年可望達到產量一千萬磅，蔗糖產量，可望達到三十萬噸。所有工業生產，由於新增資金之故，悉有顯著進步。」[5]

根據以上資料，可證台灣當時經濟情形，並非所謂「民不聊生」情形。另外，李登輝在康乃爾大學的博士論文中所附的圖表中也可以看出，台灣經濟最敗壞的時期是一九四五年，到了一九四七年時，正在緩步復甦中。不過，群衆顯然不如此認識，一九四七年二月八日電價上漲一倍。二月十三日台北市發生示威遊行，抗議米價高漲，批評陳儀政府無能解決。

也有認爲陳儀的「統制經濟」導致台灣當時經濟的窒息。陳儀留學日本軍校，思想偏向社會主義，在經濟治理方面相信合作社理論、管制經濟、國有資本，使得台灣經濟缺少自由生機。擔任二二八事件調查委員的楊亮功，分析事件原因提到，陳儀的工商業管制使台灣人無法投資，貿易管制使一般商人生意蕭條，專賣管制令小生意人叫苦連天。但是，也有人認爲，戰後經濟蕭條絕非全因統制政策所致，專賣制度也是日據時代的蕭規曹隨。陳儀任職也僅一年四個月，其經濟統制政策是否爲經濟衰敗或台灣暴動的

5張公權著，姚崧齡譯，〈台灣光復初期與大陸之經濟關係〉，頁102。

主要因素，値得再深入探討。另如果從一些比較統計資料來看，台灣的經濟，特別是放在當時戰後的復原經濟及與其他地區比較，並沒有想像中那麼差，不過從結果來看，陳儀的「統制經濟」的確沒考慮到當時的時空背景，與戰後台灣經濟與民衆的複雜程度，他堅持偏左的經濟政策，實行統制經濟，引發民怨，釀成巨禍。

第二節　外省人壟斷權位？

所謂「省籍歧視」就是「未能大量晉用省籍人士」。例如陳儀本人直接隸屬的十八個正副首長，只有一個是本省人。不過，在這一方面也有不同的看法。根據銓敘制度，台灣人未經銓敘，沒有資格擔任公職，且台灣人在日本人統治下，只能擔任基層公務員，故當時曾在日本政府擔任公職者原爲極少數，曾擔任主管者更絕無僅有。陳儀一方面啓用台籍菁英，一方面任用曾參加抗戰的台籍人士，如黃國書（1905–1987，後曾任立法院長）、蘇紹文（1903–1996）等，同時舉辦各種訓練班，如警察訓練班，教師訓練班、高級文官訓練班，而其中絕大多數都是本省人。陳儀用這種變通的辦法，讓台灣人可以經過短期訓練就可以進入政府工作。

從數字來看，一九四五年日本殖民政府結束時，公務員總數八萬四千多人（84,599），其中「本島人」人數形式爲四萬六千多人（46,955），包括敕任官（相當簡任）僅杜聰明一人，奏任官（相關薦任）僅二十七人，其中十二人爲醫師或教員；判任官（相關委任）三六八一人，總計三七三三人，僅占約百分之八（7.98%），其餘皆爲僱用供奔走執役人員[6]。

反觀國民政府治台後，長官公署在台一年五個月期間，九個重要處的十八位正副處長中，宋斐如（1903–1947）任教育處副處長，此外，十七位縣市長中，台北市長游彌堅（1897–1971）、新竹縣長劉啓光（1905–1968）、高雄市長黃仲圖（1902–1988）、高雄縣長謝東閔（1908- 2001）等皆爲本省籍人士。再者，以一九四六年在任公務員而言，總數五萬四千多人（54,617），其中本省籍三萬九千多人（39,711，占72.21%）、外省籍一萬三千多人（13,912，占25.58%）、其他國籍九三四人（1.71%）；簡任官二一四人中，本省籍十二人、外省籍二〇二人；簡任待遇者，本省籍二十四人、外省籍二〇四人；薦任官，本省籍三一九人，外省籍一三八五人；薦任待遇者，本省籍四八七

6 繆全吉，〈我國官僚體制發展經驗的剖析〉，賴澤涵、黃俊傑主編，《光復後台灣地區發展經驗》，台北：中央研究院中山人文社會科學研究所，一九九三年，頁312。

人，外省籍九五一人；委任級以下者，本省籍人數則超越於外省籍[7]。從以上統計數字可見，所謂外省人「壟斷權位」之說，應非事實。與日本殖民統治時期相比，這對陳儀施政算是正面的。

此外，再以大專及職校畢業生就業考試爲例，從一九四九年至五八年停辦，改爲台灣省建設人員考試爲止，十年間，總計分發二萬多人（20,987），其中本省籍一萬六千多人（16,863），占整體的八成以上[8]。

從以上統計數字可知，所謂外省人「壟斷權位」之說，應不是事實。

第三節　國民政府對台灣進行物資榨取？

獨派學者認爲國民政府來台後對台灣在地物資的榨取，「台灣的財富受到有系統的掠

7 楊亮功、何漢文，〈調查「二二八」事件報告〉，中研院近史所主編，《二二八事件資料選輯（二）》，台北：中研院近史所，一九九二年，頁320-321。
8 繆全吉，〈我國官僚體制發展經驗的剖析〉，頁318。

奪」[9]。然而，若從時任中央銀行總裁張公權的專文〈台灣光復初期與大陸之經濟關係〉[10]中，則可獲得不一樣的觀察。張公權對於當時台灣是否受到中國之剝削，提出四點指標：

第一，其間國民政府曾否利用台灣供應大宗歲入。如其然也，則來自台灣之賦稅收入，必較他處爲多。

第二，當一查我國對於投資台灣，是否一毛不拔，取而不與？惟知從事掠奪、搜括、遷運其生產設備，一如許多戰勝國家，在所收復區內之實際行動。

第三，試問國民政府曾否對於台灣施行「定額的輸入超過輸出」之政策。

第四，應查國民政府曾否蓄意一方面壓低台灣出口大宗的糖價，而另一方面抬高大陸輸入台灣的紗價，從中盤剝當地人民[11]。

張公權繼而依此四點爲題進行辯證。首先，國民政府在台灣的稅收，僅關稅與鹽稅兩項。其他稅收包括土地稅，均由省政府徵收使用，國民政府在該區所收關稅，總額甚微，此外，台灣鹽稅率亦較其他省分爲低。國民政府在台灣的政費支出，包括軍費在

9 李筱峰，《快讀台灣史六十分鐘》，台北：玉山社，二〇〇三年，頁85。
10 張公權著、姚崧齡譯，〈台灣光復初期與大陸之經濟關係〉，頁101-104。
11 同上書，頁101。

內，悉係中央匯由台灣銀行支付。台灣省之土地稅，完全由省政府徵收，大部分係徵實。所收糧食，即由省政府儲存。

其次，台灣糧價遠較上海者為低。一九四七年十二月底，上等白米，每石售價為台幣7464.17元，按九十與一之兌換率，折合法幣六十七萬一七七七元。在上海，則粗糙之食米每石售價，已超過一億元。因此，國民政府未嘗利用台灣為其外府，作為歲入財源，事實極為明顯。中央在台灣徵收之賦說項目，既遠較在他省者為少，而最重要之土地稅又復劃歸地方，衛戍軍費且悉由中央擔負，則取之於台灣居民者，仍用以增進當地文化、經濟及福利事業。再依國民政府資源委員會資料顯示，該委員會投入資金，計二千三百多萬（23,130,448.74）美元，資源委員會投入所屬在台灣各種企業之法幣數目如下：石油計約三十三億元；煉鋁計約二九〇億（28,946,370,000）元；金礦約計一二一億（12,182,330,769）元。資源委員會投資於省會合營各種事業之法幣數目如下：肥料計約八億元；製鹼計約一億五千萬（1,449,900,000）元；造船計三億五千萬（3,510,000,000）元；電廠計九億（9,023,296,350）元。

再者，觀察上海、台北與美國間，蔗糖、棉紗交易比率，一九四七年九月，在美國，此項交換比率為六點八一與一之比。換言之，即六點八一磅砂糖始可易棉紗一磅。在上海，因蔗糖供應係台灣糖業公司定額分配，當月交易比率為蔗糖六點六三磅易棉紗一磅。此實表示台糖在上海所獲價格，較之在世界各地者為優厚[12]。

我們可以從下方表格中看出，中國匯入台灣的款項遠大於台灣匯出中國[13]。

光復以後，國府官員及知識分子，多對台灣人寄予無限同情，多懷抱補償台灣同胞之心情，豈有掠奪台人資源之理！

第四節　長官公署貪污腐敗與苛政？

隨同陳儀來台接收的南京民國政府官員貪污腐敗，劫

12 同前文，頁101-103。

13 資料來源：《台灣之金融史料》，頁38。轉引自劉士永，《光復初期台灣經濟政策的檢討》，頁198。註：單位一九四八年一舊台幣百萬元、一九四九年一金圓券百萬元。

年月	匯出	匯入
1948.8	9,467	15,301
1948.9	8,480	44,304
1948.10	8,062	68,219
1948.11	70,659	47,382
1948.12	31,635	246,130
1949.1	1,466	1,625
1949.2	465	3,672
1949.3	38,241	39,274
1949.4	227,030	308,060
1949.5	2,710,500	2,832,000

收公產，賄賂公行，目無法紀，幾件重大貪污案件，不斷喧騰於媒體。從一九四五年八月到一九四七年二月，不到兩年，在媒體上出現的大官貪污案約有五十件，陳儀政府聲望江河日下。貿易局長于百溪隱匿變賣接收物資，得款數千萬元，被《民報》爆料貪污五百萬元。專賣局長任維鈞被爆料侵吞鴉片七十公斤，私運香港變賣，卻推說鴉片被白蟻吃掉。台北縣長陸桂祥變賣日方物資，得款一億多元，陸桂祥放火把會計室和稅捐稽徵室資料焚毀。秘書長葛敬恩的女婿李卓芝，擔任台灣省印刷紙業公司總經理，被爆料貪污二千餘萬元。各式貪污案件不僅高層官員涉嫌，連司法檢察官、法院院長、學校教師都貪污。《民報》在一九四六年十月二十六日的社論《祖國的懷抱》指出：「祖國的政治文化的落後，並不使我們傷心，最使我們激憤的，是貪污舞弊，無廉無恥。」

唐賢龍的《台灣事變內幕記》指出：「自從國內的很多人員接管以後，便搶的搶、偷的偷、賣的賣、轉移的轉移、走私的走私，把在國內『劫收』時那一套毛病，統統都搬到了台灣。……台灣在日本統治時代，本來確已進入『路不拾遺，夜不閉戶』的法治境界，但自『劫收』官光顧台灣以後，台灣便彷彿一池澄清的秋水忽然讓無數個巨大的石子，給擾亂得混沌不清。」[14]

隨同陳儀來台接收的南京民國政府官員貪污腐敗、牽親引戚、營私舞弊、貪贓枉法，幾件重大貪污案件，不斷喧騰於媒體，造成民怨，當然要負重大責任。「貪污腐敗」固然令人不齒痛恨，但歷朝歷代都有，非陳儀治理下所獨有的現象。即使民主化後的台灣，還是貪污未停，連總統陳水扁都為世界知名貪污犯。因此，我們可以說，陳儀不能整飭官箴，讓貪污腐敗橫行，是其罪過，但是「貪污腐敗」本身仍不足以惡化二二八的發展。

許多人將二二八事件發生之因，歸咎於陳儀的苛政所導致，因此，下文筆者將重新省視長官公署時期的種種施政作為。

依民國三十四年（一九四五年）三月十四日以侍奉字第15493號，代電修正核定。其中有關要點，摘錄於下：

一、接管後之政治設施……當注重強化行政機關，增加工作效率，預備實施憲政，建立民權基礎。……五、民國一切法令，均適用於台灣。……八、地方政制，以台灣為

14 唐賢龍，《台灣事變內幕記》，又名《台灣事變面面觀》，中國新聞社南京大中國出版社，一九四七年；台北：時英出版社，二〇一六年，頁96-98。

省接管時正式成立省政府，下設縣（市）。……九、每接管一地應儘先辦理下列各事：……甲、接收當地官立公立各機關（包括：軍事、行政、教育、財政、金融、交通、工商、農林、漁牧、礦冶、衛生、水利、警察、救濟各部門），依據法令，分別停辦改組或維持之；但法令無規定而事實有需要之機關，得暫仍其舊。……乙、成立縣（市）政府，改組街莊爲鄉鎮。……辛、舉辦公教人員短期訓練，特別注重思想與生活。……十、各機關舊有人員，除敵國人民及有違法行爲者外，暫予留用（技術人員，儘量留用，雇員必要時亦得暫行留用），待遇以照舊爲原則，一面依據法令，實施考試、銓敘及訓練。……四五、各學校教員、社教機關人員，及其他從事文化事業之人員，除敵國人民（但在專科以上之學校必要時得予留用）及有違法行爲者外，均予留用，但教員須舉行甄審，合格者給予證書。……五〇、設置省訓練團，縣訓練所，分別訓練公教人員、技術人員，及管理人員。[15]

並在中央訓練團舉辦「台灣行政幹部訓練班」，招收學員一二〇人，自民國三十三年十二月至三十四年四月爲期四月，分民政、工商、交通、財政、金融、農林、漁牧、

15 台灣省行政長官公署法制委員會，《台灣省單行法令彙編：輯一》，台北：台灣省行政長官公署法制委員會，民國三十五年，頁1-3、6-7。

教育、司法九組訓練；並由四聯（中央、中國、交通及農民四銀行）總處設「銀行訓練班」，訓練四十名銀行業務人員。此外在重慶與福建兩地中央警官學校及其第二分校，訓練警察幹部，自民國三十三年十月至三十四年九月止，先後有「台幹講習班」第一班三十六人，第二班二十八人，「台幹學員班」七十六人，「學生班」二五〇人，「初幹教導總隊」五四二人，合計九三二人。

此外，再依如「台灣省行政長官公署人事集中管理辦法」（民國三十五年二月十八日公布）第五條即規定：「各機關公務人員之任用資格，依公務員任用法之規定，其另有規定者，并依其規定辦理。」在此原則下，惟賴「另有規定者」，盡可能放寬，如「台灣省縣市區署行政人員任用標準及任用辦法」（民國三十五年一月十七日公布）三、四、五及六項，均列有「原在台灣，曾於相當專科以上學校專業，辦理……年以上，具有成績者。」之資格一款，以廣登庸。台灣國民小學雖普遍，但曾受中等以上教育者不多，而類此專科以上學歷人數，更屬罕有。依民國三十二年之統計，本省籍學生八十四萬餘人中，中學生為三萬六千多人（36,720），專科生四四二人，而大學生只有六十四人，就以光復當年而言，台北帝國大學三五七名學生中，本省籍不過八十五人，依其就讀科別，計醫學部八十人，工學部二人，理農部一人及文政部二人。在此種人力資源之情勢下，其變通辦法，就是開辦公教人員訓練班，賦予學資，如「台灣省訓練團訓練大綱」（民國三十五年七月四日核准），「台灣省行政長官公署所屬各機關徵選高級幹部訓練辦法」（民國三十五年七月六日公布），及「本省訓練團訓練合格人員准照非常時期公務員任用補充辦法任用令」（民國三十五年五月二十三日令），或破格、降格以儲才，如「台灣省行政長官公署備用人員登記辦法」（民國三十五年十一月十七日），及「台灣省縣市公職候選人臨時檢覈實施辦法」（民國三十五年一月二十一日公布，三月三十一日修正）。[16]

其他如「台灣省行政長官公署聲請檢覆公職候選人資格審查委員會組織規程」、「台灣省行政長官公署及所屬機關僱工工資之給與暫行辦法」、「台灣省行政長官公署查核本省公營事業機關會計事項辦法」、「台灣省各縣市公有營業機關收支查核及財務管理辦法」、「台灣省專賣品販賣辦法」、「台灣省補助民營工礦辦法」、「台灣省中等國民學校甄選辦法」、「台灣省國民學校教員任用及待遇辦法」、「台灣省國民學校教員試驗檢定辦法」等，可詳見《台灣省政府檔案史料彙編：台灣省行政長官公署時期

16 繆全吉，〈我國官僚體制發展經驗的剖析〉，頁312-315。

（三）》17。

從長官公署公布之法令可知，陳儀對台灣社會的關注是十分全面的，顧及台人從政權利之外，又涉及台灣社會、文化、教育等多方面。

第五節　日產糾紛？

學者武之璋先生即認為，「日產糾紛」是引爆二二八事件的重要因素18。陳儀上任後，宣布自一九四五年八月十五日以後日產過戶買賣一律無效，日本人的私產一律充公，收歸國民政府所有，除政府撥用外一律公開拍賣，百姓租用日人之工廠店面繼續使用，由縣市政府向長官公署整批購買繼續租給現住戶，將來拍賣時現租戶有優先承購權。陳儀的辦法雖然合情合理，但是此舉卻讓擁有三千多戶的台灣人不滿，不停地向長

17 薛月順編，《台灣省政府檔案史料彙編：台灣省行政長官公署時期（三）》，台北：國史館，民國八十八年。

18 武之璋，〈日產接收糾紛是二二八事件發生的主要原因之一〉，《二二八的真相與謊言》，台北：風雲時代，二〇一七年，頁30-34。

官公署、省議會、甚至中央抗議。後來行政院下令陳儀將買賣有效期延長到十月一號，陳儀被迫答應，但是對已經被批駁的案件一律不准翻案，但後又在當事人請願、告狀的壓力下，長官公署再作讓步，最後確定八月十五以後買賣可以接受，但須在十月十六日以前完成過戶登記，但是還堅持不准翻案。

陳儀是由法論法，其思維應是：日本人不會事先預設會戰敗，而將財產房舍做處理準備，台人在戰爭末期，忙著躲警報，應也無心思向日人要求房舍買賣，因此最多的是日本投降後日本人將日人私有房地產送給台灣人，或便宜賣給台灣人。日本人的地籍登記制度很完善，房地產所有權很清楚，如果眞的在戰前處理，應會有紀錄。所以不少房地產的簽約、付款、完成變更登記手續，都是在戰後完成，而將簽約時間倒塡爲八月十五日以前完成買賣。另也有部分流氓以強占方式占據大批日人私有財產，事後再找人頭做假合約，想矇混過關。陳儀此一規定等於影響到不少人的利益。一九四七年二月十八日日本殖民時期租借公產房屋的本省籍原住戶抗議陳儀政府標售日產房屋。二月二十六日，抗議戶串連三千多戶準備到台北遊行，向長官公署抗議，陳儀透過台北市長游彌堅下令禁止遊行，陳儀並公開斥責這種行爲是「道德破產」，遊行取消，兩天後發生二二八事件。

不論什麼理由，二二八爆發群眾暴力事件，剛好成為這些不滿因素匯集所引發火山爆炸的噴發口。二二八事件會發生，原因眾多，但是會從警民衝突升高為政治動亂，且一發不可收拾，那麼政治因素與社會因素就是關鍵了。

第六節　政治因素？

在政治因素方面：一是國共內戰對台灣的影響；二是參與者有「政治奪權」的行為，包括想自立政府追求「高度自治」，或希望美國支持台獨。國共內戰激化起台灣人的奪權行動、皇民化的本省人企圖推動台灣獨立或「高度自治」，都提供二二八事件的點火條件，也使原本的治安問題變成高度敏感的政治問題。

左派人士大約可以分為三種：台灣共產黨、中國共產黨與中國國民黨內的左翼力量。有關「台灣共產黨」及在台灣的中國國民黨內部左翼力量為主的「三民主義青年團」部分，在本書第一章第三節做了專門的介紹。中國共產黨在台灣的角色與功能經常被忽視，近年來更被認為是民國政府當時推卸責任的說法，但是隨著資料的解密與大陸對當時地下黨員的肯定，凸顯了中國共產黨在事件中的重要性。

國共激烈鬥爭，台灣當時屬於國民黨控制區域，中國共產黨在台灣發展組織，派出幹部，進行地上或地下活動，事屬必然。中國共產黨「台灣省工作委員會」台北支部書記廖瑞發組織學生軍，擬進攻陳儀的行政長官公署，台灣共產黨員如謝雪紅掌握台中地區暴動民兵指揮權，如宋斐如和台灣共產黨員蘇新掌握《人民導報》等報紙媒體的宣傳力量，對二二八事件的發展都起了很大的作用。

以博士論文出版的一書《二二八事件眞相辯證》，認爲左翼勢力在二二八事件中的角色被忽略了，他在「未受重視的左翼勢力」一節中，將中國共產黨地下黨員當時在台灣的活動情形，引述了多名左派人士的訪談及回憶錄，做了以下概括性的介紹[19]：

中國共產黨在台灣的最高領導單位是台灣省工作委員會，領導人是蔡孝乾，陳澤民、洪幼喬及張志忠是主要幹部。其中，張志忠本身是嘉義人，擔任組織部長兼武工部長，也是最早抵台的地下黨高級幹部，二二八期間組「民主自治聯軍」，率領李媽兜、簡吉、陳篡地、張榮宗等人在嘉義、雲林一帶與國軍交戰，事件後負責台灣北部地下黨組織發展，也是唯一未投降的高級幹部。

19 黃種祥，《二二八事件真相辯證》，台北：元華，二〇一八年，頁323-356。

地下黨員中，有利用商人身分來往基隆與上海，如辜金良，有原本就身為台人的老台共們，也有中共直接由延安派出的長征幹部，如程治浩夫婦等，成分相當複雜。

從吳克泰的回憶錄中，提到中共寫手們大量撰寫二二八事件的相關文章，統一交由宣傳部長田漢運用的情形[20]。吳克泰於二二八事件在台擔任記者，對各媒體內的地下黨人士知之甚詳，他提到當年《大明報》幾乎全是地下黨員，主持該報的謝爽秋本來就是共產黨員，總編馬瑞籌在二二八事件被捕時，由上海《新聞報》施壓後釋放，改派在香港《文匯報》擔任總編。

《民報》記者徐淵深，日據時期與吳克泰是地下黨員新聞小組成員，先後待過《自由報》、《中外日報》，二二八事件時與吳克泰一起參加憲兵隊外的群眾抗議，事件後擔任地下黨組織的台北「鄉土藝術團」團長，同時也是台北市參議員，最後被捕槍決。

蔣時欽是蔣渭水的兒子，在一九四六年與吳克泰同時在上海加入中共地下黨，回台後擔任《民報》記者，二二八事件時與蔣渭川組織青年自治同盟，事件後擔任丘念台秘書以避難，其後逃往上海，與吳克泰等人同樣擔任對台廣播工作，文革時被批鬥自殺。

20吳克泰，《吳克泰回憶錄》，台北：人間出版社，二〇〇二年，頁225-226。

原名周青的周傳枝，日據時期也參加台共外圍組織「不定期會」，曾擔任《民報》、《中外日報》記者，二二八事件時負責聯繫松山機場的起事，後逃往大陸參加台盟。

王添灯負責的《自由報》也有同樣情形。經理蕭來福是老台共，據說所有稿件必須經過他，二二八事件後逃往香港。總編輯蔡慶榮，後改名蔡子民，二二八事件後逃往上海，擔任同鄉會總幹事。《新生報》的副總編孫萬枝也曾參加《自由報》籌備，但他與吳克泰同為地下黨新聞小組，後自首。

《人民導報》原社長宋斐如在二二八事件中遇害，沒有證據顯示他是地下黨員，但張志忠稱他思想進步，其妻區嚴華任職於省政府法制室，後因匪諜案槍殺。主筆陳文彬後擔任建中校長，日據時期就曾經在上海協助地下黨員李劍華創辦雜誌，二二八事件後與呂赫若在區嚴華家中，紀錄新華社廣播內容並油印成《光明報》，並舉辦讀書會，被注意後全家逃往天津，任人民大學副教授。而著名的小說家呂赫若當年也曾擔任《人民導報》記者，後來在地下黨的鹿窟基地，被毒蛇咬傷而死。

新社長王添灯在二二八事件中活動積極，主導處委會，提出三十二條要求，身邊的參謀蕭來福、蘇新、潘欽信等人全為老台共，且其出資的《自由報》、「聖烽劇團」內部多有地下黨員。蘇新在二二八事件後逃亡上海，被派到香港協助謝雪紅，文革時被批鬥。

台中《和平日報》也是受到謝雪紅介入。主筆王思翔，本名張禹，雖無證據顯示爲地下黨員，但在二二八事件後，回到中國大陸，撰寫《台灣二月革命記》[21]爲共黨宣傳。

《中外日報》專員陳本江，曾與吳克泰等地下黨新聞小組三人聯繫，花蓮縣表示要建立人民團體，後來負責鹿窟基地的發展，最後自新。

曾任地下黨台北市工作委員會書記的李中志，在二二八事件發生時，向學生表示能提供武器，擔任三月三日深夜學生起事的總指揮，其妹張硯於一九四九年赴北京參加青年代表大會。三月四日，李中志與台灣學生聯盟以台北市工委廖瑞發家爲總部，動員台大本部、法學院及延平學院的學生，分爲三個大隊，要發動學生軍進攻長官公署，過程中還與景尾軍火庫人員起衝突，最後因烏來原住民未下山，導致行動失敗。

這些學生之後很多也加入了中共地下黨，其中也有不少在白色恐怖中成爲受難者，例如陳炳基、楊建成、葉紀東、陳金木等。

21 王思翔，《台灣二月革命記》，上海：泥土社，一九四九年。

中共地下黨除了深入媒體與學校外，也分別成立台灣郵政管理局支部、台北郵局支部、台灣省電訊管理局支部及婦女支部。

北部的老台共早已被中共收編，在二二八事件期間，廖瑞發、林良材等都參與了行動，李中志的學生起義軍也以廖家為基地。中南部地區在三月二日到三日才開始行動。事件期間，較具規模的力量主要來自左翼勢力，包括省工委會系統和老台共系統，與北部以民意代表和地方士紳為主的議會協商路線不同，而採行武裝抗爭路線。其中，有實戰經驗的張志忠在嘉義組織「台灣民主聯軍自治聯軍」。透過其在嘉義廣播電台所建立的指揮中心，統籌指揮台南的李媽兜、斗六的陳篡地及嘉義的許分等。由張氏任司令、陳篡地任副司令、簡吉任政委，統領朴子、北港、新港等八個支隊，共約八百餘人，擁有機槍六挺、步槍三百餘枝、手槍四十餘枝、卡車六輛等。

林書揚的看法與學界不盡相同，他認為台灣當年的左翼勢力強大，只是文化協會、農民組合、紅色總工會、台灣工友會等，成員就五萬人，加上外圍組織也有五萬人，至少能動員十萬群眾。若不是二二八事件倉促爆發，導致左翼力量在沒有充分布署的情況下提前發動，使國民黨在事後提高警覺，開始全面追蹤日據時期的左翼人士，台灣的左翼發展不僅如此[22]。

由於當時國民黨政府對二二八事件避而不談，左派共產黨人因而透過文章、書籍的出版，掌握了二二八事件的話語權，在描寫當時國民黨殘暴部分不遺餘力，並誇張造謠（詳可參考本書第二章「二二八事件的謊言有多離譜？」部分），但是他們的文章書籍日後卻也成爲台獨或民進黨學者攻擊國民黨的依據。

在「爭奪政權」方面，蔡正元在其著作中稱：台灣有爭奪政權的傳統。荷蘭時期郭懷一欲稱王台灣，清治時期朱一貴堂而皇之稱「中興義王」，林爽文稱「盟主大元帥」，戴潮春稱「東王大元帥」，日據時期余清芳稱「天下大元帥」，都有稱王奪取政權的慾念和計畫。對某些人而言，二二八事件暴動是奪取政權很好的機會，「二二八事件處理委員會」的組織，以維護治安的名義，提供組織民兵武力和雛形政權的基本條件[23]。

「二二八事件處理委員會」的訴求從調查血案升級到政治改革，從政治改革升級到改變政權，甚至要援引美國及聯合國力量，支持台灣獨立。這一連串事件均在短短十

22 林書揚，《從二二八到五〇年代白色恐怖》，台北：時報文化，一九九二年，頁84-87。
23 蔡正元，《台灣島史記》，香港：中華書局。二〇一九年出版。出版中。

天之內發展出來，王添灯想當「政府主席」，與謝雪紅成立「人民政府」並擔任「總指揮」，這些人爭奪政權的欲念是很關鍵的因素。因爲有「奪權」因素在內，二二八事件也就快速變質，也促使南京政府派兵武力鎮壓。「爭奪政權」不是什麼罪過，只是武力爭奪政權，也要承受爭奪失敗，遭到武力鎮壓的後果。毫無疑問的，野心的政客與意識形態的專權行動，是二二八事件從警民衝突演變成政治事件的最主要因素。

台灣的主流論述是，二二八事件之後，全台的菁英一夜之間消失殆盡。不過，《悲劇性的開端》一書並不同意這樣的看法。該書稱；「傷亡的人當中有些人是台灣的菁英分子，絕非全部都是」，「一般人宣稱國民黨把大部分、甚至所有台灣人的菁英完全殺死的說法，是較爲誇大的說法。即使我們萬分小心地估計，菁英分子的人數應該是人口的百分之一，也應該有六萬五千人。如果我們說被殺的人數是八千，其中一半是菁英，我們可以推測大約0.012%的菁英分子受到殺害」[24]。

該書假設受害者是八千人，依現有公布的資料是八百餘人，因此，按照該書作者賴澤涵的推論，受害的菁英，應該是當時人口的0.0012%。也應該不是如《二二八事件責

24 賴澤涵、馬若孟、魏萼著，羅珞珈譯，《悲劇性的開端：台灣二二八事變》，台北：時報文化，一九九三年，頁266。

任歸屬研究報告》所說的「八成的地方精英從政治領域中消失，形成精英斷層」[25]。

黃種祥在其研究著作中稱：翻開獲得補償的死亡失蹤受難者名單，共有八百餘人，將醫生、律師及知名人士都算在內，能被大衆認知爲社會菁英者應不超過五十人。以台灣各界的一流人物的總量來說，受難的比率並不高。當年政府若有意消滅台籍菁英，恐怕不僅於此[26]。

作者應該是當時的政府高層官員，後來以「不著撰人」爲筆名，撰寫的〈二二八事變之平亂〉一文中，是這樣記載中國共產黨在二二八事件中的角色，在該文中，他依據後來取得的中國共產黨中央對「台灣省工作委員會」領導「二二八」武裝暴動事件的批判文件爲證明，並摘錄如下：一、中共定調二二八事件的性質是台灣人民反對國民黨統治的民主自治運動，不是台灣人民的獨立運動。二、二二八事變的成就。二二八首先在國民黨統治最嚴的台北市爆發，充分證明了國民黨統治的腐敗無能；使人民覺悟到推翻蔣政權不是不可能的。在事變中，國民黨對人民大屠殺，使人民更加仇恨；這對今後台灣人民反蔣鬥爭是有幫助的。「事變中使○○○從國內戰場，抽調兩個師的兵力到台灣，對於

25 張炎憲等，《二二八事件責任歸屬研究報告》，頁85。
26 黃種祥，《二二八事件真相辯證》，頁271。

國內的解放戰爭是有幫助的。」「發現了大批的積極分子，擴大了『黨』的力量。」三、二二八鬥爭的弱點。「準備工作不夠：沒有迅速處理『老台共』的關係，以使在事變中能很好地取得聯繫；沒有抓住光復後陳儀統治未深入時，迅速擴大『黨』的力量；沒有利用矛盾來推展統戰工作；對外通訊沒有建立。」「事變發生後，不及時解除敵人的武裝，來武裝自己。」「學生孤軍作戰，沒有與工、農結合起來。要知道只有在工農群衆發動起來之後，學生才能發揮他們的力量。」「沒有及時分散物質，藉以動員群衆，對反動分子沒有施以鎭壓。」「沒有教育人民，及時揭發陳儀的欺騙。」「開始時『輕敵』，後來對敵人的力量又估計過高，而且迷戀城市，撤退時沒有組織，變成一哄而散。」[27]

我們不知道，台共或中共地下黨人是否誇大他們的「貢獻」，「不著撰人」所引述的資料是否爲眞，但是二〇一三年，中共在北京西山國家森林公園設置無名英雄廣場，紀念一九五〇年代犧牲的地下黨成員，廣場上立有無名英雄紀念碑、雕塑及人員名單共八百多名。簡單對照，領取二二八死亡補償的名單中，至少約有三十位名列其中。包括：方義仲、王忠賢、王添（未知是否爲王添灯）、古瑞明、江朝澤、吳金城、巫添

27 中央研究院近代史研究所，《二二八事件資料選（一）》，一九九二年，頁118-120。

福、李友邦、李來基、李鴻南、汪清山、林水木、林錦文、邱樹南、高一生、康海閣、郭清池、陳文堅、陳水炎、陳坤良、曾金厚、曾添、湯守仁、黃玉枝、楊清淇、劉萬山、蔡能嘉、盧鏡澄、蔡汝鑫（從基隆要塞偷運武器支持民兵）、沈鎭南（台糖案）、李媽兜、羅金城、黃榮燦（因刻畫二二八受難像木雕而聞名）[28]、簡國賢（在台灣推行各種話劇）等。這些人參與二二八事件，而在一九四九年後陸續因其他事件被捕，被大陸奉爲烈士，也可以說是「求仁得仁」。這證明二二八事件參與者當中，確實不乏爲數可觀的左翼成員[29]。

一九九九年，馬英九在二二八紀念日當天，表示二二八事件「與其說是對立所造成的衝突，不如說是導因於國家公權力的濫用」。左翼統派學者王曉波，是白色恐怖的受難家屬，也是馬英九先生二二八事件資訊所仰賴的幕僚[30]，立刻給予吹捧，認爲這種說法不但超越了歷任政府首長的說詞，也超越一些學者專家的認識。在學術上，這一界定

28 左翼統派學者王曉波編，《陳儀與二二八事件》，台北：海峽學術，二〇〇四年；及《二二八真相》，台北：海峽學術，二〇〇二年，均以木雕《恐怖的檢查》為封面圖案。
29 黃種祥，《二二八事件真相辯證》，頁340。
30 武之璋，〈二二八事件原來是王曉波惹的禍〉，《二二八的真相與謊言》，頁183-187。

比較符合歷史的事實；在政治上，也有利於「新台灣人」的融合[31]。但是這個說法，其實與中共對二二八事件的定調「官逼民反」、「反抗國民黨統治」是完全一樣的。另外，目前對二二八事件性質的主流官方論述，認定其性質不是「台獨革命」，就是追求「高度自治」，而「高度自治」的性質定位也是與中國共產黨是完全一致的。

日後來看，馬英九的說法與道歉，並沒有化解台灣的社會融合，反而讓國民黨政府從此成爲此一事件的唯一要負責者。綠營人士緊咬不放，二〇〇六年，由台獨人士，也是國史館館長的張炎憲等人完成《二二八事件責任歸屬研究報告》，結論是蔣介石是元凶，應負最大責任，更於二〇〇六年二月二十日表示，二二八事件是「執政者透過國家公權力有計畫、有步驟地屠殺台灣菁英」[32]。

國民黨立刻在二月二十二日舉行中常會，黨主席馬英九立刻再將國民黨對二二八事件正式定調爲「官逼民反」[33]。至此，暴民、野心的政治人物、要顛覆當時國民政府的

31 王曉波，〈「新台灣人」的歷史觀：論馬英九「二二八紀念會」之致詞〉。《海峽評論》，第一〇〇期，一九九九年四月。
32 羅添斌，〈張炎憲：空有補償，還沒真正反省〉，《自由時報》，二〇〇六年二月二十日。
33 黃種祥，《二二八事件真相辯證》，頁270。

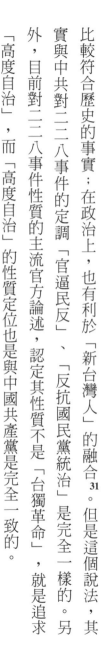

共產黨人、後來美國官員誘使而想推動國際託管、尋求獨立的各類人等，都被類為「無故遭到政府屠殺」的一群人。任何政治因素都不列入，二二八事件簡化為「壓迫者對被壓迫者屠殺」的一段歷史。

第七節　社會因素？

社會因素方面，台灣在戰後同時有「復元症候群」與「光復症候群」兩大認同，以及社會治安敗壞等問題。

全世界許多國家都有這種經驗，戰爭結束了，社會恢復正常運作，但是許多參戰官員、退伍軍人，一時無法調適，當年的台籍日本兵處境更尷尬，一度當成戰俘，退伍後就業問題、國家認同問題，比一般國家戰後復元問題更為複雜。台灣淪為日本統治五十年之久，許多人因為生在日據時代，並受日本殖民教育，認同日本人，加上皇民奉公會的少數特權家族，在光復後發生認同錯亂，在二二八發生後乘機蠢動並企圖推翻行政公署，也是事實。從在太平洋戰爭末期，動輒六、七十萬人爭相搶當日本志願兵參戰，就可以瞭解認同問題有多嚴重。

在「治安敗壞」方面，台籍日本兵在戰後有近十三萬人遣送回台，這些人的意識型態對自己是日本人或中國人是模糊不清的，受日本人皇民化的洗腦，未經任何再教育或政治檢驗，不像朝鮮籍日本兵受到很嚴格的政治及社會檢驗。陳儀政府也無法做出有效的生活安排，造成台籍日本兵的生計困難，成爲犯罪及暴動的地雷。

陳儀奉南京民國政府的指示，爲慶祝民國三十六年（一九四七年）一月一日公布《中華民國憲法》，頒行大赦。台灣符合赦免條件者有四千五百人，一月二十五日誇張地釋放日本殖民時期的監獄人犯，以示恩澤囚情，卻無法有效更生或安排生計，迅速造成治安敗壞。流氓地痞成爲各地的「角頭大哥」，走私販毒，包娼包毒。對照之下，日本殖民時期的治安相對良善，民眾把這股怨氣記在南京民國政府及陳儀政府頭上，並不爲過。遇有抗爭事件，形成群眾運動，再轉爲暴動的暴民，甚至爭奪政權，自非意外。

學者戴國輝是如此形容當時台灣社會的現象：「……台灣社會的市民（公民）意識不夠成熟，知性的誠實既不受尊重又不被愛惜，沽名釣譽之輩就非常容易結幫跳樑。老百姓長期受到壓制及迫害，積怨已深，似乎『賭爛』性反彈情緒瀰漫了社會。台灣老百姓遂易爲說大話者、逞英雄者流所利用，容易聽信鄉愿者流的嘩眾取寵之言，更不吝送給『曲學阿世』之輩掌聲。」[34]「……鍾逸人的《辛酸六十年》，古瑞雲的《台中風雲》這些書裏都可以看到類似的問題。從事抗暴軍事行動的一些『領導人』，錯以爲曾經受了些日本式軍事訓練就可指揮軍隊，就可把國府軍迅速打敗。他們受了日本教育的影響，僅從外觀衡量國府軍隊，蔑視國府軍隊，視之爲日人所慣稱的『支那兵』，天眞無邪地藐視『祖國』爲『支那』，認爲『支那兵』是一聽槍聲就會繳械的烏合之衆。有些缺乏政治細胞、只有激情、慣於喊空洞口號的人，像蔣渭川等人，誤解有CC派在後支撐，『陳儀這個阿山，一嚇就會把政權交出來的』。」[35]

事件發生後閩台監察使楊亮功與監察委員何漢文提出的調查報告，文中分析事變原因時，列出十個項目，其中第七「政治野心家之鼓吹」，以及第八「共黨之趁機煽動」，將事件之發生與擴大歸咎於社會團體之領導人與共產黨。其次，在分析參加事變分子時，則列出九種不同成員，包括所謂的「流氓、海外歸僑、政治野心家、共黨、

34 戴國輝、葉芸芸，《愛憎二二八：神話與史實：解構歷史之謎》，台北：遠流出版社，一九九二年，頁106-107。
35 同前書，頁179-180。

青年學生、三民主義青年團、高山族（原住民）、皇民奉公會會員、留台日人」等[36]。倒是由二二八基金會所委託一些有政治立場的學者所發表的《二二八事件責任歸屬研究報告》，卻認為這是一「帶有負面意涵之分類，只是一種浮面且帶有偏見的觀察，並不具有實質分析的意義。其中只有所謂『共產黨』與『三民主義青年團』之說，較值得進一步探討」[37]。換言之，這些學者認為所有人都有責任，但卻否認「政治野心家」及暴民在二二八事件中的角色。這眞是一份為特定目的服務而完全不公正的所謂「研究報告」。

二二八事件紀念基金會出版的《二二八事件責任歸屬研究報告》嚴厲譴責陳儀政府貪汙腐化，對暴民逆行卻禁聲不語，反稱「二二八事件不是叛亂，參與的民眾不是暴民，反而是國府治台政策不當，引起民眾抗爭，要求改革的運動」[38]，並稱民兵編組之武裝部隊為「民軍」[39]，使與「國軍」平等對立。

---

36 戴國輝在其所著《愛憎二二八》一書中，也同意楊亮功對九種成員的看法，頁110。
37 張炎憲等，《二二八事件責任歸屬研究報告》，386頁。
38 同前書，475頁。
39 同前書，62頁。

中研院黃彰健院士是這樣說的，台灣光復後，台籍日本兵及台籍浪人歸來台灣，「找不到職業，遂成為參加二二八暴動的主要人物」，「虐殺、毆傷、侮辱無辜的來台大陸同胞，而台籍浪人及日本兵又遍布於台灣全島，這也是二二八事件爆發迅速惡化蔓延於全島的原因。……《二二八事件研究報告》定本即隱諱此一重要原因不說」[40]。

由以上研究報告的責任歸屬來看，毫無疑問，有些學者已有固定政治立場，是不公正的。二二八的罪魁禍首，當然包括那些以「要求改革、抗議不公」為名，卻意圖奪取政權的政治野心者。唯有他們的「鼓吹」，無知的群衆才敢蔑視法律，破壞社會秩序，也唯有他們的「慫恿」，暴徒才會濫殺無辜外省人、辱毆軍警官員、侵占焚燬官署，以及收繳軍警槍械。當時民衆對於陳儀政府的輕蔑，有恃無恐，暴民成員的複雜，都是此次事件愈演愈烈的原因之一。

40 黃彰健，《二二八事件真相考察證稿》，台北：聯經，二〇〇七年，「自序」部分，

第八節　身分認同？

身分認同與文化認同有關，但是兩者仍然有差別。日據期間，特別在後期，皇民化的教育算是成功改變了一些人的身分認同，但是台灣人對於中華文化的認同並沒有被改變多少。這是我們在談論二二八事件時必須瞭解的差別。

日本改變台灣民眾的認同有兩個方面，一是文化上的「去中國化」，事實證明並不成功。除了一些少數的皇民化家庭外，絕大多數的台灣人還是不願放棄自己的語言、文化及風俗習慣。例如，在台灣的日本殖民統治者推動「皇民化運動」，利誘威逼台灣人改成日本姓名、改拜天皇祖先和日本神祇、改說日語、改穿和服。當時也只有百分之二的台灣人家庭變成「皇民」。日本殖民政府強推「大麻奉祀」，要求台灣人把「神宮大麻」奉祀在家中的正廳，祖先牌位和佛道神像改擺旁邊。一九四一年發出約七十四萬尊「大麻」，占台灣總戶數約一百萬戶的約七成五。但台灣人領到「神宮大麻」，除了皇民外，少有人祭拜「神宮大麻」。被摧毀的廟宇中有三六一座被日本人直接搗毀，另外八一九座被改爲日本佛教或神社。台灣人敬拜的神明被迫燒毀，很多神明是祖先從中國大陸移靈台灣，有民族傳承的意義，而不僅是宗教含義，所以很多台灣人把神明藏起來，直到一九四五年日本人無條件投降後，才讓神明現身[41]。

二是「日本臣民化」，也就是台灣民衆在身分認同的改變，此則甚爲成功。早在一九一五年余清芳抗暴事件後，台灣就沒有任何抗暴行動了。一九二八年五月十四日韓國人趙明河在台中暗殺訪問台灣的日本親王久邇宮邦彥王。一九三二年一月八日李奉昌在東京刺殺宮內大臣一木喜德郎。兩人行刺雖未成功，但後來均被韓國人尊爲民族英雄，反觀台灣，卻沒有台灣人行刺日高官的紀錄。不僅如此，台灣人在一九三〇年代後從未組織抗日政權或游擊隊，在一九四〇年代反對日本侵略的國際鬥爭中，當時台灣人積極支持日本人侵略中國和東南亞，明顯不同於其他殖民地。

一九四二年，「台灣皇民奉公會」鼓吹「捐獻運動」，爲造槍砲、船艦、飛機，現金、金銀、寶石，無所不捐。從一九三七年至一九四一年，台灣的捐獻金額達一八四萬餘日圓，僅次於東京、大阪，排名第三，占日本帝國總捐獻金額的百分之四。台灣人熱烈支持日本侵略中國，連日本人都大感詫異[42]。

41 蔡正元、張亞中，《台灣史基本讀本》，台北：孫文學校，二〇一八年，頁228-229。

42 同前書。

一九四二年至四四年，日本總督府擬招募「台灣志願兵」，出現台灣人熱烈參軍的現象，一九四二年日本軍方需要一千人，但是有四十二萬餘人報名。一九四三年招募一千名，有超過六十萬人應徵，一九四四年招募二千人，應徵者近七十四萬人。而一九四〇年一月分統計，當時台灣十七歲至三十歲男子人口只有約六十三萬多人，因此應徵比例實在高得驚人，台灣人熱烈支持日本侵略中國和東南亞，也出乎日本殖民政府意料之外，這顯示台灣青年在身分認同上的傾向[43]。

不僅青年如此，媒體亦有類似情形。以當時台灣人的《台灣新民報》（一九四五年改爲《台灣新生報》）爲例，反映出台灣人極爲矛盾的政治觀點。台灣人不滿日本殖民統治，積極爭取台灣人的平等權益，卻又瞧不起東南亞人民，熱烈支持日本侵略殖民東南亞。

總計在太平洋戰爭中，約有二十一萬台灣人被征召爲日本兵走上戰場，幾達六分之一的兵役年齡人口，台灣成爲日本支配亞洲的大東亞共榮圈的起點。台灣人絕大多數是從中國大陸移民到台灣的福建人和廣東人。日本向台灣人灌輸包括日語在內的「日本精

43同前書。

神」以「馴化」台灣人[44]。在這場日本侵略戰爭中，台灣人出錢出力支持日本侵略，皇民認爲替日本人當兵打仗侵略中國和東南亞是光榮的，從未出現林崑崗、余清芳這類人物，組織反日、反殖民的民兵組織，也不像韓國、東南亞的殖民地，都出現反日反殖民政治組織或游擊隊。

台灣人民在中國抗日戰爭和第二次世界大戰期間，非但沒有想要「掙脫日本的枷鎖」，也沒有「爭取獨立的戰鬥」，反而出錢出力站在日本人這邊，全力支持日本人侵略中國及東南亞各國，當起日本的侵略共犯。

我們可以這麼說，日本殖民統治台灣，大多數台灣人仍保有中華文化上的主體性，但是身分上的主體性幾乎喪失。

身分主體性的脆弱，使得台灣人對「祖國」的認同也游離不定。日本無條件投降後，大部分台灣人突然發覺自己由戰敗國屬民，翻身爲戰勝國國民，熱烈迎接「祖國政府」，各地籌組「歡迎國民政府籌備會」，教唱國歌，興建牌樓，訂作國旗，張燈結綵。作家吳濁流在《台灣連翹》書中，描述歡迎首批抵台的政府軍的熱烈情況：

44 蔡正元，《台灣島史記》，香港：中華書局，二〇一九年。出版中。

「十月十七日，從祖國來了第七十軍的三千人，與長官公署的官員一起在台灣登陸，這一天的歡迎情形，眞是不得了，台北市不用說，遠從台中、台南、高雄等地趕來的也不少。軍隊所經過的道路兩旁，砌成了人牆，其中有些日本人乖乖的並排著，使我覺得異乎尋常。學生、青年團員，還有樂隊，連謝將軍和范將軍也被抬了出來，大刀隊和藝閣也著實不少！軍隊進入台北市區時，有三十萬市民夾道歡呼，高唱『國軍歡迎歌』。」[45]

十月二十五日受降典禮在台北市公會堂舉行，爭睹盛況的民衆把會場外廣場擠得水洩不通，各地均有盛大遊行。這時候，台灣人的「祖國」身分認同很高，但是不到兩個月，隨著十一月八日米價暴漲三倍，日本人發行的貨幣「台灣銀行券」的惡性通貨膨脹開始出現，以及認爲台灣人在公家機關和公營事業遭受歧視和排擠，看到陳儀政府官員有貪污腐化現象，軍警人員紀律不良，再加上陳儀奉南京民國政府指令，以寬大爲名，釋放監獄人犯，返國台籍日本兵未經妥當處理安排，社會治安突然江河日下。台灣人的「祖國情懷」也瞬間瓦解。這也顯示，台灣人對當時「祖國」的身分認同是極爲脆弱

45吳濁流，《台灣連翹》，台北：草根出版社，一九九五年，頁153-154。

的。

戴國輝在其大作《愛憎二二八》書中，一開始就用「認同的困擾」做爲二二八事件開始的因素。他說：「當時的台灣人正陶醉於回歸祖國……根本就不曾思考也看不清楚，究竟『中國』、『中國人』的內涵是什麼？對入台的國府官員及國軍其性格及內部結構爲何？對這些重要問題，台人既懵懂無知也不曾審查自問。」他並很感慨的說：「一直到現在，有許多台灣人仍然連自己的身分認同這個問題都不曾細加省思，都還搞不清楚卻大言不慚地奢談什麼台灣人的『主體性』這個普通的命題。」[46]

戴國輝在其著作中比較台灣與朝鮮的不同。「朝鮮是整個國家被日本帝國主義者併吞，因此保有了整合的主體性，他們的抗日運動顯現了堅強的朝鮮主體意識。但是台灣……是做爲中國的一部分被日本從中國割裂出去的。……台灣的『解放』並不是台灣人自己與日帝對抗從日帝手中爭取過來，而是日帝戰敗，第二次世界大戰結束而撿來的。」[47]因此，在回歸祖國的過程中產生了新的社會現象。「那些當漢奸，或者與日本

46 戴國輝、葉芸芸，《愛憎二二八：神話與史實：解構歷史之謎》，台北：遠流出版社，民國八十一年，頁22。
47 同前書，頁20-21。

人合作的上層台籍士紳等投機者，驚慌失措，不知如何是好……乍失所持，如喪考妣。畢竟，他們除了少許人與加拿大系或英國系長老教會有些微弱關係外，與戰勝國美國不曾有密切關係。」「勉強與美國有關係的，只是一些曾經在台北高等學校聽過柯喬治（George Kerr）的英文課的青年菁英而已。……所以，一般台籍士紳咸感徬徨茫然，莫知所適。」[48]

戴國輝提到，當時從大陸回來的「半山」，有的是有識之士的好人，但是有的背景卻非常複雜。「有的有中共背景，返台來準備搞革命的」，有的是「從重慶回來的」，他們分別與國民黨派系、情治、國民政府有關；有的「從淪陷區回來」，「這些人雖然並不是眞正與日本人合作，但是爲了生存，多多少少還是與日本侵華勢力有過瓜葛的」，還有一些「在日本占領區」，特別在閩粵兩地，有一些假日本淫威而作惡多端的『台灣歹狗』。」「這些人爲了逃避漢奸罪名的追究，奔竄回台不敢公開活動，但始終在暗中作孽。」[49]

這是一個大時代歷史不幸所形成的身分認同困境。戰後在台灣，不同身分認同的人

48 同前書，頁22。
49 同前書，頁23。

匯集在一起，其身分認同自然會有不同的政治價値、利益標準與未來選擇取向。戴國輝說，這些典型「都反映了台籍人士缺乏獨立自主的思考能力」，另一方面，光復以後，「台灣人一直幻想著，日本人原來占有的位置應該由台灣人取代。但是，他們卻從來沒想過，自己沒有主體性能如何取代呢？首先，他們連漢文都不會寫；而且我們似乎看不到當時的台籍知識菁英能夠用完整的閩南話或客家話演講。……何況，台灣人士對抗日帝時，往往又可赴大陸找避風港，甚至可以自欺欺人地陷入『共犯結構』而偷生」，「除了一部分革命烈士外，大部分的台籍人士甚少有過爲自己的自主權和自己的尊嚴向日帝眞正鬥爭過」[50]。

戴國輝的觀察是正確的。混亂的身分認同，與缺乏自主與整體的思考，讓台灣民衆在爭取權利時缺少經驗、方法與共同的目標。當二二八事件發生，所有因素同時匯集起來時，台灣的本土菁英，有的想借助共黨左派的力量推翻政府，有的想藉助暴民鬧事爭取自己更大的權力，有的想依靠美國尋求獨立，有的要政治改革以追求高度自治，有的只是不爽而趁機打家劫舍、放火打人，而最終使二二八事件無法控制，走到悲劇。

50同前書，頁28。

在日據時代的台灣社會是一個不健全的社會，除了統治階級日本人跟皇民分子外，就是下層農工，缺少了知識分子及中產階級這一群身分的群組。當「處委會」領導階層沒有政治權力的鬥爭經驗，且又有各自的政治目的、利益考量時，一般大衆就只能跟著口號與情緒走。

日據時期，日本人用警察暴力使台灣人屈服，但是一個被殖民、缺少中產階級、非正常公民社會的台灣，人民的法治素養依然脆弱，一有風吹草動，法治基礎就會全面動搖。二二八事件的遠因之一正是如此。

被日本殖民政府「馴化」的台灣人，習慣了日本人的嚴刑峻法統治模式，突然來了一批被日本人長期醜化、藐視的中國人，一開始因爲中國是戰勝國，台灣人對來台官員還有幾分敬畏，後來發覺中國警察不打人，軍人官員不夠威武。再加上中國公務員在工作態度上，工作效率上確實不如日本人，於是漸生藐視之心，許多皇民分子漸生復辟或推翻政府幻想，許多野心分子也產生獨立念頭。他們這些反應基本上是來自對中國人的誤解，以爲中國人懦弱，中國軍怕死，不能打仗，所以許多人都相信武力推翻政府是會成功的。來台的貪官污吏固然有，但是官員中也不乏中國的菁英，這是大多數台灣民衆不瞭解的。他們認爲只要給政府施壓，官方就會讓步。他們也完全不瞭解，當他們在對抗時所使用的日語、海報傳單上多是日文、穿著和服慶祝勝利時的場景、屠殺外省人的傳言到處漫延時，一場衝突似乎已難避免。

我們必須要說，當時台灣人跟大陸來台的外省人是相互不瞭解的。同樣的中華文化與民族認同，讓政府最後並沒有像日本殖民政府用「大屠殺」鎮壓人民，但是「身分認同」的差異所產生對當時社會問題的解讀，對未來台灣政治的定位，的確存在著相當大的不同。這是台灣經歷日本殖民統治所帶來的結果，也是造成二二八事件會逐漸由警民衝突上升到政治事變的主要原因之一。

一直到今天，可以看到「身分認同」在台灣仍是一個未解的難題。我是台灣人，是中國人，或既是台灣人也是中國人？以及由「身分認同」所引發的台灣前途認同問題，兩岸要統、要獨，還是永遠維持現狀？現在的「台商」是否就是昔日的「半山」，他們會幫助大陸對台「以商圍政」？兩岸經貿的獲益者會否「以民逼官」？他們是否還是「自己人」？台灣要向中國、日本、美國哪一個更靠近些？這些都是當代「身分認同」混雜所產生的問題，也是當時二二八事件「身分認同」的現代版。而在面對這些棘手問題時，二二八永遠是一個被政客們拿來操作運用的事件。這使得二二八事件已經不是個單純的歷史事件，而是有高度政治意涵的政治工具。

第九節　陳儀個人因素？

二二八事件從取締私菸開始，查緝員誤傷民衆致死，本省人暴動殘殺外省人，包圍公署，建立雛形政權或臨時政權，組建民兵武力，強奪槍械，攻占政府機關，進攻軍警駐地，罷黜官員，控制鐵路要道，政府軍鎮壓，交戰團體激烈戰鬥，民兵戰敗瓦解，陳儀政府報復清算政敵、清鄉抓人，這是個半暴動、半政變、半革命，半叛亂、半鎮壓的民變事件，但比起台灣史上其他大型民變事件，如一六五二年郭懷一事件、一七二一年朱一貴事件、一七三一年大甲西社事件、一七八七年林爽文事件、一八六二年戴潮春事件、一九一五年余清芳事件，規模小很多[51]。

台灣在日本嚴刑峻法的高壓統治下，大多數的老百姓是守法的，但是部分台灣百姓的「守法」是基於對日本人、日本法律的畏懼，戰後台灣的社會結構也非常特別，缺少中產階級及管理階層，日本人走了，管理階層出現眞空，日本警察不見了，法律突然變

[51] 蔡正元，《台灣島史記》，香港：中華書局，二〇一九年。出版中。

鬆了，左鄰右舍的朋友突然有的當大官了，有的當議員了。二二八發生以後，平日高高在上的長官公署竟然如此的軟弱，例如竟然同意民衆代表到獄中為傳學通等六公務員拍照，以證明長官公署沒有私下放人，此舉使得政府威信盡失。許多打、砸、燒、搶的現行犯，前一日還要求里長做保，第二天就改為無條件釋放，而且准許百姓組織「處委會」作為合法的談判代表，並且同意各級民意代表是當然的處委會代表，處委會突然與各級民意機構合流，處委會一夜之間變成一個巨大的涵蓋全省的怪獸，處委會也由一個二二八緝私菸官民糾紛處理委員會，變成一個多功能的政治改革、研究、咨議機構，進而變成一個與政府對立的反對黨，進而與暴徒結為一體，最後快速地變成一個叛亂團體，形成波及全省的流血衝突。但是三月六日、七日，許多台灣領導聽到國軍來台的消息，立刻士無鬥志，許多組織立做鳥獸散，處委員態度也立刻軟化。尤其是國軍登陸後的綏靖戰爭，全省七個綏靖區，加在一起也不過死了四十三個人，埔里一役謝雪紅抵抗激烈也不過死了七個人。所謂民軍及反抗團體如此不堪一擊的原因之一，是二二八缺少正當性，參與二二八的人也各有不同的目的，國民黨犯的所有錯誤加在一塊也沒有到非反、非拼命的地步[52]。

這也反應出來，起事的民兵組織或臨時政權並未獲得台灣人廣泛的支持，民兵組織增兵不易，臨時政權的物力財力得不到民衆普遍的支持，被政府軍鎮壓時皆顯得脆弱無比，很多政權或民兵組織聽聞政府軍抵達，立即聞風潰散。相同的，民國政府軍的平亂行動，比起前述台灣歷史上的大型民變事件，也相對規模限縮很多。

原本是個很小的警民衝突事件，卻成爲極大的政治事變，但在政府軍抵達後又快速的瓦解，卻又造成嚴重的政治後遺症。星火之所以燎原，除了當時客觀的戰後環境讓台灣社會騷動不安外，不法暴民與政治野心者應是關鍵的禍首，不過，假如陳儀處置得當，二二八悲劇還是可以避免的，至少可以不如此嚴重。陳儀當時是集大權於一身，部屬的貪污腐敗，引發民衆做爲事件的理由，陳儀難辭其咎，面對危機時的處理能力不足，面對危機初起時，既不依法處理，又不動用公權力，最失策的是，放任暴民霸占電台攻擊政府，甚至號召退伍台籍日軍集結，長官公署均不加干涉，表現優柔寡斷，坐待情況惡化。在事後又憤怒地進行報復懲罰，甚至把發給中央的要犯名單，親筆追加了蔣

52 武之璋，《二二八的真相與謊言》，頁23。

渭川等人[53]，毫無疑問，必須負最大的政治與行政責任。陳儀當年沒有依照蔣介石「一律從寬免究」的指示，結果殺人太多，打擊面太廣。黃彰健院士也說：「陳儀的錯誤在沒有依照中央的指示從寬處理。逮捕了這麼多人，後來還是都被政府放了，徒然造成民心不安，民怨四起。」[54]陳儀自始至終不認為自己的治台政策有錯誤，但是在最後，陳儀還是在三月二十九日制定自新辦法。「現在看來，仍是尊重蔣（介石）的從寬免究的指示」[55]。

至於一些有特定政治立場的學者，代表二二八事件紀念基金會所撰述的《二二八事件責任歸屬研究報告》，對於陳儀的嚴厲指控，認為他在事件中「大玩兩手策略，一方面與處委會妥協和談，一方面卻急電中央派兵鎮壓，並派出特務擾亂時局，以利鎮壓、搜捕民眾之藉口」[56]的陰謀論說法，應非事實。

陳儀自己在二二八事件前後的心態是不同的。他的秘書長柯遠芬說：「……台灣光

---

53 中央研究院近代史研究所編，《二二八事件資料選輯（第二冊）》，台北：中央研究院近代史研究所，一九九三年，頁174-177。
54 黃彰健，《二二八事件真相考證稿》，頁584。
55 同前書，頁584。
56 張炎憲等，《二二八事件責任歸屬研究報告》，頁60。

復初期，原先只有《台灣新生報》（設於台北，代表長官公署）、《掃蕩報》（設於台中，代表軍方）、《中華日報》（設於台南，代表黨部）及代表中央尚未遷台的《中央日報》。未幾，傳播媒體卻如雨後春筍，諸如《民報》、《人民導報》、《中外日報》……等紛紛設立，加上陳儀主張言論自由，對言論尺度完全開放，毫不設限，以致對於他的批評，大張撻伐，比比皆是。」[57]

台灣史專家戴國輝是如此評價陳儀：「……他存心善待台灣人民，作風盡量開明，例如長官公署門口不設武裝衛兵，對報紙不加干涉。當時若干民間報紙對長官公署的批評，甚至攻訐的言論，不僅是當時我國國內所絕對不容許，也是此後台灣一直到一九七八年政治改革之前所無。可見陳儀這種對政治開放的態度，也許過分天眞，在政治上可說是犯了錯誤。如果報紙不如此過分放任，同時駐台軍隊不減少，『二‧二八』事件不可能如此擴大。」[58]

人往往認爲自己是對的，陳儀也不例外。他認爲他是愛台灣的，當時的憲兵司令張

57 台灣省文獻委員會編，《二二八事件文獻續錄》，南投：台灣省文獻委員會，一九九二年，柯遠芬口述，頁721。
58 戴國輝、葉芸芸，《愛憎二二八：神話與史實：解構歷史之謎》，頁75-76。

鑽呈報告予蔣介石稱：「……他自己認爲台灣人做了很多事，台灣人應該對他很好。二二八事件發生，他也自認爲對事件的處理是正確的，至於造成那樣的後果，是始意料未及，所以他不認爲要負責任，在離開台灣時說過，幾年後台灣人會懷念他，對自己相當肯定。」[59]

陳儀自己也認爲他不應該負責，他說：「這是由於我襟懷過於坦白，太相信自己，而缺乏政治警惕所致。我爲了軍民關係處得好些，將軍風紀欠佳的原駐軍撤走，我沒想到新軍抵台後，竟演出不應該有的報復性鎮壓，眞讓人痛心。我相信許多人，包括台灣人民是會瞭解我的。」[60]

賴澤涵在評論陳儀以上談話時，感慨地說：「陳儀（爲二二八事件）感到痛心，但他並不認爲自己應該爲事變的血腥鎮壓負責。事實上，我們也不能期望蔣介石和陳儀能夠控制那些師長、團長和軍官圍剿並槍殺人民，把他們屍體秘密銷毀，並且開槍掃射住

59 中央研究院近代史研究所編，《二二八事件資料選輯（第一冊）》，台北：中央研究院近代史研究所，一九九三年。〈三月五日憲兵司令張鑽呈蔣之報告〉，頁28。

60 賴澤涵、馬若孟、魏萼著，羅珞珈譯，《悲劇性的開端：台灣二二八事變》，台北：時報文化，一九九三年，頁266。

宅和商店。」[61]

陳儀在二二八事件後，離開台灣前，寫給他外甥丁名楠的一首詩：「事業平生悲劇多，循環歷史究如何，痴心愛國渾忘老，愛到痴心即是魔」，應該是他對自己的評價。

陳儀一九四七年因二二八事件下台，隻身離台，其政策及幹部未動，後來的陳誠蕭規曹隨。一九四八年六月三十日陳儀出任浙江省主席。一九四九年一月，國軍在三大戰役中全面潰敗，解放軍陳兵江北。陳儀涉嫌投靠中國共產黨，被蔣介石逮捕，一九五〇年被押赴台北槍決。

61 同前書，頁266。

結語

請讓二二八事件走下神壇

在本書的〈前言〉部分，曾經寫到：如果一些「謊言」是善意的，只是爲了粉飾瑕疵，讓社會更爲和諧，我們或可以包容體諒的態度來面對，但是如果謊言反而成爲「政治正確」，爲特殊的政治意識形態而服務，造成社會的認同分歧或仇恨，那我們就應還原歷史眞正原貌，並讓社會瞭解事實的眞相，避免再遭利用。

銘刻於台北二二八紀念碑上的文字是如此記載：

……一九四七年二月廿七日，專賣局人員於台北市延平北路查緝私菸，打傷女販，誤殺路人，激起民憤。次日，台北群眾遊行示威，前往長官公署請求懲凶，不意竟遭槍擊，死傷數人，由是點燃全面抗爭怒火。為解決爭端與消除積怨，各地士紳組成事件處理委員會，居中協調，並提出政治改革要求。不料陳儀顢頇剛愎，一面協商，一面以士紳為奸匪叛徒，逕向南京請兵。國民政府主席蔣中正聞報即派兵來台。三月八日，二十一師在師長劉雨卿指揮下登陸基隆，十日，全台戒嚴。警備總司令部參謀長柯遠芬、基隆要塞司令史宏熹、高雄要塞司令彭孟緝及憲兵團長張慕陶等人，在鎮壓清鄉時，株連無辜，數月之間，死傷、失蹤者數以萬計，其中以基隆、台北、嘉義、高雄最為慘重，事稱二二八事件。……

碑文僅提軍隊屠殺，而且是長達「數月之間」，對整件事情輕輕帶過，《二二八辭典》中公布通過二二八基金會補償申請的所有受難者，其遭遇都是「無故」被捕殺，然後遭到「羅織」罪名[1]。紀念碑這段文字將二二八事件政治正確地定位爲「群衆要求政治改革，無故遭到政府屠殺」，如果讀者完整地讀完本書，應可以自行判斷，這個碑文是否公允。

面對二二八事件的不幸，寫作《二二八事件基本讀本》心情是沉重的，但是若能讓讀者理解二二八事件，仍是值得的。想透過幾位在台灣生活了一輩子，對這塊土地與人民有感情、有貢獻的民間史學人士的話，做爲本書的結語。他們對二二八的評價是那麼的事實、客觀，又帶有情感，絕對比我個人寫的還好。

第一位是撰寫《台灣島史記》的蔡正元先生，也是我所尊敬與佩服的好友。他是土生土長的閩南人，關心台灣，寫了百萬字的《台灣島史記》，在本書中，他是如此解讀二二八事件的：

1 黃種祥，參閱國史館出版之《二二八事件辭典》「別冊」後的感想。黃種祥，《二二八事件真相辯證》，台北：元華，二〇一八年，頁268。

二二八事件是台灣在二十世紀最重大的武裝暴動事件，本省籍民眾發起武裝暴動，外省籍軍隊展開鎮暴。這是一九四五年八月十五日之前，還具有日本殖民地臣民身分的「本省人」的民眾，和一九四五年九月至一九四七年二月間，從中國大陸來到台灣的「外省人」主導的陳儀政府之間，爆發的武裝衝突事件，雙方都互有死傷。

二二八事件原本只是一個單純的警民衝突事件，卻發生在如火山爆發前的台灣島社會，一九四五年開始的惡性通貨膨脹無法止息，外省籍首長與本省籍仕紳的矛盾已轉化為普遍的省籍衝突，台灣光復減刑釋放出來的（四千多名）罪犯擾亂治安，外省籍官員的貪污腐化，接收人員惡行惡狀的貪瀆與風紀，皇民化的本省人企圖推動台灣島獨立，國共內戰激化起台灣人的奪權行動，都提供二二八事件的點火條件。

有人不斷控訴蔣介石、國民黨、外省人、中國人是二二八事件本省人死難的「劊子手」，這不是正確的說法。誰是「劊子手」？正確答案是本省人和外省人都有。但在惡劣政治操作下，二二八事件呈現出只有外省人是「劊子手」，本省人是「善良百姓」。二二八事件的真相經過政治操作和編撰，已成台灣島史上最大的謊言，這畢竟是說謊而不是歷史真相！

蔡正元在回顧二二八事件後，做了極爲深刻的總評：

二二八事件經過各方善意或惡意的操作，形成的政治氣候和影響早已超過原貌。一個治理不良的政府、一個惡劣的內外政經背景、一場民怨由小事件做噴發口的暴動、一場規模有限的鎮壓行動，隨著時間和歷史的發展，混淆了真實與謊言。但對台灣島的政治影響，卻產生族群衝突、政治矛盾、統獨對立的深遠後果。首先，二二八事件的死亡人數刻意被扭曲。外省人在暴動中，被本省人殘殺的死亡人數，因無清楚的戶籍資料，刻意被忽略，甚至被隱藏。相反的，本省人在鎮暴中被軍警槍殺的暴民及無辜者的死亡人數，即使有準確的戶口資料可一一查證：本省人死亡人數六八一人，失蹤人數一七七人，仍然被刻意誇大，甚至胡言亂語到死亡人數上萬人的地步。……但李登輝政權無視這些客觀數字，卻用「統計推估」製造誇大的死亡人數，無非是想製造「政治控訴情境」，歪曲事實，取得台獨的政治利益。台獨歷史學者如張炎憲，面對台灣島在日本殖民時期已很完整的戶口資料，不去考究戶口登記的死亡年齡、時間、月分和縣市地點，反而引用美國間諜葛超智向國際媒體捏造散播的死亡數字，違背歷史學者應有的求真態度。陳儀有機會「屠殺」的時間只有一九四七年的三月八日至四月七日，死亡時間不在這段時間，要歸入跟二二八事件有關，實在很牽強。李登輝及台獨人士對這麼簡單的分析工作，放著不做，卻搞一些旁門走道的方術，誇大死亡人數，原因只有一個：「怕說謊被揭穿」。更令人不解的是，馬英九當政時也不深究釐清，只會配合二二八事件操弄者，定期穿黑西裝、黑領帶，去向所謂二二八家屬鞠躬作揖。

再者，二二八事件是台獨推動「去中國化」最好的政治鬥爭武器。很多台灣島受過日本教育的菁英涉入二二八事件，被依叛亂罪做理由處決，有的人真的事涉叛亂，有的人只是發表反政府言論，有的人純屬無辜冤案。但日本的教育背景，中國的祖國夢想稀薄而破滅，自然顛倒民族血緣，幻想以日本為祖國。政治鬥爭上，一口咬定蔣介石是殺人屠夫，孫文是外來政權，藉以去除任何中國化的政治符號，而絕口不談二二八事件的暴民行為及民兵爭奪政權，對任何國家來說，都是構成政府軍武力鎮壓的充足理由。在局勢大亂的情況下，民兵爭奪政權，政府軍鎮壓，都是交戰團體的正常狀況。

最後，二二八事件在政治操作下，已成台灣島統獨之爭，往台灣獨立傾斜的最佳意識形態工具。以馬英九和湯德章作為個案討論，可以看出這種傾斜。馬英九從政後每年都會去參加二二八事件紀念日活動，而且每次都穿黑西裝，戴黑領帶，如喪考妣般的隆重。這一方面代表馬英九要撫慰二二八事件造成的社會裂痕，也代表著馬英九向二二八事件所代表的政治符號屈服。湯德章成為台南市二二八事件的標誌性人物，就是台灣島獨立意識刻意篩選下的結果。

湯德章現被台南的政治人物奉為罹難英雄，將湯德章被處決的空地改名湯德章紀念公園，而原地的孫中山銅像被徹底摧毀。反觀那位湯德章父親（湯的父親是日本人，為日據時期的警察派出所主管，在西來庵〔噍吧哖〕抗日事件中被余清芳部隊所殺）的敵人余清芳，卻徹底從台南市區的街道上失去蹤影……湯德章與余清芳的對照，就很清楚可以觀察到統獨歷史趨向的位移，二二八事件被重視，西來庵事件被抹煞。台灣島的價值變化，反映出台獨和新皇民化的走向[2]。

第二位是潘明先生，他曾任駐外公使，台南人，也曾經是筆者任職於外交部，在德

2 蔡正元，《台灣島史記》，香港：中華書局，二〇一九年。出版中。本段文字摘取於其已付梓的書稿。

國漢堡辦事處的長官，爲人公正親切，是台灣大學外文系畢業的高材生。退休後，在經仔細閱讀《二二八事件責任歸屬研究報告》後，發現該書立論偏頗，可議之處不少，於是撰寫《二二八事件責任歸屬研究報告評述》一書，約二十多萬字，自印出版。在該書的〈自序〉中稱：

個人是南部土生土長的台灣番薯仔，現今已是七老八十的老叟，大學就讀外文，畢業後濫竽外交，算是歷史學的門外漢，對《二二八事件責任歸屬研究報告》之評述，全係出於辨正是非之初心，且純屬個人興趣與見解，與他人完全毫無干係。研讀該《研究報告》後的發現與結論，是「不法暴民才是事件元凶，政治野心家則是禍首」！

第三位是我從沒有見過面的張清滄先生，從簡歷來看，他只有斗南高中的學歷，但是長期在政府單位擔任公務員，他寫過不少有關二二八事件的書籍。前年，張清滄知道我也關心二二八事件，特別請他公子寄了幾本他寫的專書給我。張清滄蒐集資料的詳盡，令人敬佩，投入精力撰寫書籍的精神，更令人感動。張清滄在《眞相二二八：二二八事件七十週年敢言》〈序言〉稱，他認爲目前政府專家的研究報告仍有許多與事實不符的地方：

國內外研究、探討二二八事件之專書近百冊，其中較具代表性的行政院八十三年二月出版的《二二八事件研究報告》、賴澤涵教授等人八十四年一月著作的《悲劇性的開端：台灣二二八事件》、張炎憲館長等人九十五年二月執筆的《二二八事件責任歸屬研究報告》、黃彰健院士九十六年二月著作的《二二八事件真相考證稿》，但上列四本書就二二八事件所述，不乏與事實不符之處，而其他提及二二八事件之眾多書籍、資料，與事實不符的同樣不勝枚舉。

這位普通民眾的一番話，對於政府或研究者而言，無疑是一個提醒。對二二八事件最好的紀念方式就是還原其歷史的眞相。讓人感動的，這一位平民百姓在他著作的結論中寫下他的期望：

二二八事件的真相幾乎已大白，已有了具體的答案，只欠缺公信力的政府，能本公正、客觀、無政黨色彩、無意識形態，有系統的整理後將二二八事件真相公諸於世。歷史的悲劇不要重演，撫平歷史傷痛，促進族群融合，全民能以國家利益為重，同舟共濟，邁向富強康樂的國家，這樣更能安慰二二八事件死難者的在天之靈。

這是一位小市民投入長期研究後寫下他對於政府的忠告、對處理二二八事件態度的期許。以意識形態操作二二八的學者、政客，能不慚愧？

最後一位，是我近年認識的好友，武之璋先生，他是個外省人，從小與父母來到台灣，在瑞芳讀小學。他在從商成功後，為瞭解二二八的歷史，開始投入研究。依他所說，他愈瞭解眞相，愈覺得現在所呈現出來的是個「官民聯合大撒謊」的歷史記述。他也感慨的說，他找尋眞相的速度，永遠比不上有心人創造謊言的速度。武之璋先生個性爽直，用字直白。在〈我爲什麼研究二二八〉一文中，他是這樣說的：

行政院通過《二二八補償條例》，李登輝正式代表國民政府向二二八受難家屬道歉以後，雖然我不以為然，但是我想如果事情就此打住，歷史暫時被扭曲也無所謂，畢竟檔案、證據都在，真相終有大白的一天，何況台灣歷史、社會結構特殊，如能平息本省受難家屬的怨氣，那就暫時忍住不說話算了。但是二二八被定調以後，被政客操弄以後，替他們爭取到不少選票以後，在政治人物嘗到甜頭以後，他們更變本加厲，樂此不疲，怨氣沒有平息，族群也更對立。

綠色學者配合民進黨捏造二二八歷史，騙到了選票，騙到了政權，我們整個社會也付出了巨大的代價。族群問題、認同問題，甚至兩岸問題，無一不跟二二八有直接或間接的關係。我實在忍不下去了，說什麼「可以原諒，不可以遺忘」。事實上是不遺忘，更不原諒。學者的鄉愿，馬英九的乞憐，甚至李敖的苦口婆心，都沒有讓二二八的「假悲情」淡化。這時候我覺得只有一個辦法，讓這些不入流的學者、不入流的政治人物停止歪曲二二八歷史，停止挑撥族群仇恨。那就是我們用資料，用一手資料，還原二二八真相，讓大家知道二二八不是起義，陳儀、國民黨固然犯了不少錯，當年的台灣精英、皇民奉公會分子、逃匿不願回國的日軍、台籍退伍軍人、台籍日本翻譯、流氓也做了許多天理、國法都不能容的事，這些事實證據堆積如山，不容狡辯。二二八是個歷史悲劇，悲劇發生的原因很多，但是真相卻是臭不可聞，政客們、假學者們，不要再利用二二八了，不要再美化二二八了。二二八沒有太多高貴的、偉大的動機，二二八也沒有幾個烈士，非要在二二八這個題目上糾纏不休……二二八的歷史值得研究，但不值得紀念。

我研究二二八的目的正如儒家「刑期無刑」的理論一樣，希望有一天除了在教室、在課堂上，台灣社會沒有人再談二二八。我們對二二八最健康的態度是——

忘掉它！

做為本書的作者，在研讀二二八的歷史資料後，可以理解武之璋先生的憤怒與情緒。我們在還原歷史事件時，既要考慮到歷史的眞相，同時也需以客觀與包容的態度來化解昔日的衝突與仇恨。無限上綱二二八事件的政治正確性，並沒有讓台灣社會更融合，反而更撕裂。正如本書〈序言〉所述，利用歷史的傷痛來爲自己謀利是不道德的。

我同意以上幾位研究者的看法，二二八事件被刻意的操作，被謊言所包裝。二二八事件値得我們反思，但台灣史上其他許多更悲情、更波瀾壯闊、更可歌可泣的事件，卻被刻意遺忘。不是不可以反對國民黨，不是不可以討厭中華民國，不是不可以厭惡蔣介石，不是不可以主張台獨，但是請不要以虛構與謊言的二二八事件爲工具。台灣如果眞的想和諧、眞的想向前走，請停止再消費、利用二二八吧！再提醒一次，無論目的是什麼、是多麼的「政治正確」，但是這種消費、利用二二八的行爲就是不道德的，做這種事的人就是不道德的人。

一九八八年，李敖在其〈二二八的立碑問題〉一文中，請大家想想，誰是消費二二八事件的最大受益者。他寫到：

……試問今天主張「促成公布真相，平反冤屈」的公正人士們，是不是也該調查一下台灣人怎樣冤屈外省人呢？……從正義立場上，我贊成為不幸冤死者立碑，不過主持它的人，必須反省他所做的，是不是那麼純，那麼公道，是不是純粹沒有政治作用隱含其中？如果答案是猶豫的，該警覺警覺：立碑以後，最大的受益人是誰？[3]

二二八已成爲國定假日，也立了碑，每年都會在各地舉辦紀念活動。我想以戴國輝先生在其大作《愛憎二二八》一書〈結論〉的若干話爲本書做一結束：

……日本每年都會在八月的大熱天舉辦紀念廣島、長崎被炸的紀念性活動……但由於他們並沒有像德國那樣從思想層次上向個人和自己民族的內部進行深刻地檢討、反思與自我批判，因而無法產生具有智慧的歷史洞察。他們紀念儀式也就日漸風化，徒留形式，不具史鑑意義了。因此，我們應當以日本為戒，不要使「二二八」的紀念活動，流為只是喊口號，做表面文章。……我們應該力求使

3李敖，〈二二八的立碑問題〉，《二二八研究續集》，《真相叢書》序號第三十七集，頁433-435。

「二二八」亡靈的犧牲，成為落實台灣民主政治的助力……而不是任其淪為政治人物做政治秀的題材，讓「二二八」的歷史意義風化，那就不單是「二二八」亡靈的不幸，更是台灣住民的不幸，民族的遺憾[4]。

戴國輝先生的忠告並沒有被接受，已經過世的他，沒有看到「二二八事件」在台灣已經成爲絕對政治正確的議題，它不僅已風化，更已神格化。

二二八事件只是那個動亂不安年代的一個不幸事件，應該記入教科書，但它的故事不應因政治目的而久置神壇。讓它走下神壇吧！期待我們停止造神塑魔，讓二二八事件回歸平淡、理性解讀，並眞誠對待處理，從中得到教訓，以使這個歷史傷痛能夠眞正癒合，台灣社會得以和諧迎向未來。

4 戴國輝、葉芸芸，《愛憎二二八：神話與史實：解構歷史之謎》，台北：遠流出版社，一九九二年，頁379。

參考書目

小林善紀，賴青松、蕭志強譯，《台灣論》，台北：前衛出版社，二〇〇一年。
中央研究院近代史研究所，《二二八事件資料選輯》，共六冊，一九九三年。
王呈祥，《美國駐台北副領事葛超智與二二八事件》，台北：海峽學術，二〇〇九年。
王建生、陳婉眞、陳湧泉，《一九四七台灣二二八革命》，台北：前衛出版社，一九九〇年。
王思翔，《台灣二月革命記》，上海：泥土社，一九四九年。
王曉波，〈「新台灣人」的歷史觀：論馬英九「二二八紀念會」之致詞〉，《海峽評論》，第一〇〇期，一九九九年四月。
王曉波，〈檢討蔣介石的歷史問題：講於「二二八事件」處理問題公聽會〉，《海峽評論》，第三十一期，一九九四年五月。
王曉波編，《台盟與二二八事件》，台北：海峽學術，二〇〇四年。
王曉波編，《陳儀與二二八事件》，台北：海峽學術，二〇〇四年。
王曉波編，《二二八眞相》，台北：海峽學術，二〇〇二年。
古瑞雲，《台中的風雲》，台北：人間出版社，一九九三年。
台灣省文獻委員會編，《二二八事件文獻續錄》，南投：台灣省文獻委員會，民國八十一年。

台灣省行政長官公署法制委員會，《台灣省單行法令彙編：輯一》，台北：台灣省行政長官公署法制委員會，一九四六年。
行政院研究二二八事件小組，《二二八事件研究報告》，台北：時報文化，一九九四年。
吳克泰，《吳克泰回憶錄》，台北：人間出版社，二〇〇二年。
吳濁流，《台灣連翹》，台北：草根出版社，一九九五年。
吳濁流，《無花果》，台北：草根出版社，一九九五年。
李敖，〈二二八的立碑問題〉，《二二八研究續集》，《眞相叢書》序號第三十七集。
李筱峰，《快讀台灣史六十分鐘》，台北：玉山社，二〇〇三年。
李筱峰，〈二二八事件與台灣獨立運動〉，財團法人二二八事件紀念基金會，《二二八事件新史料學術論文集》，台北：二〇〇三年。
李筱峰著，《台灣人應該認識的蔣介石》，台北：玉山社出版，台北中和市，吳氏圖書總經銷，二〇〇四年。
杜正勝，《新史學之路》，台北：三民書局，二〇〇四年。
杜正勝，〈一個新史觀的誕生〉，《當代》，第一二〇期，一九九七年，八月號。
林木順編，《台灣二月革命》，香港：新民主出版社，一九四八年；台北：前衛出版社，一九九〇年。
林書揚，《從二二八到五〇年代白色恐怖》，台北：時報文化，一九九二年。
武之璋，《二二八的眞相與謊言》，台北：風雲時代出版，二〇一七年。

武之璋，《二二八眞相解密》，台北：風雲時代出版，二〇〇七年。
武之璋，《一甲子迷障：二二八眞相解密》，台北：風雲時代出版，二〇〇七年。
侯坤宏，《二二八事件檔案彙編（十七）》，台北：國史館，二〇〇八年。
柯喬治（葛智超，George Kerr）著，陳榮成譯，《被出賣的台灣》，台北：前衛出版社，一九九一年。
唐賢龍，《台灣事變內幕記》，又名《台灣事變面面觀》，中國新聞社南京大中國出版社，一九四七年；台北：時英出版社，二〇一六年。
夏榮和、林偉盛、陳俐甫譯，《台灣・中國・二二八》，台北：稻鄉，一九九二年。
郝柏村，〈正視中學史地課本〉，《聯合報》，二〇一二年二月二十一日。
高雄史料集成編輯委員會編，《解密・國際檔案的二二八事件：海外檔案選譯》，新北市：遠足文化，高雄市歷史博物館，二〇一八年。
國史館台灣文獻館，《二二八事件文獻補錄》，南投：台灣省文獻委員會，一九九一年。
張公權著，姚崧齡譯，〈台灣光復初期與大陸之經濟關係〉，《傳記文學》，第三十七卷六期，一九八〇年十二月。
張炎憲等，《二二八事件責任歸屬研究報告》，台北：二二八基金會出版，二〇〇六年。
張炎憲等，《基隆雨港二二八》，台北：自立晚報，一九九四年。
張炎憲等，《雲嘉平野二二八》，台北：自立晚報，一九九五年。
張炎憲總編輯，簡笙簧主編，《二二八事件檔案彙編》，台北：國史館，二〇〇二年。

張清滄，《二二八事件死傷人數眞相探討》，高雄：自行出版，二〇一四年。
張清滄，《眞相二二八：二二八事件七〇週年敢言》，高雄：自行出版，二〇一七年。
戚嘉林，《台灣六十年》，台北：海峽學術出版，二〇〇九年。
戚嘉林，〈林茂生二二八之死〉，《旺報》，二〇一五年三月一日至十日。
習賢德，《警察與二二八事件》，台北：時英出版社，二〇一二年。
莊嘉農，《憤怒的台灣》，台北：前衛出版，一九九〇年。
許曹德，《許曹德回憶錄》，台北：前衛，一九九五年。
許雪姬，《林正亨的生與死》，南投：台灣省文獻會，民國九十年。
許雪姬主編，《保密局台灣站二二八史料彙編（一）》，台北：中研院台史所，二〇一五年。
陳芳明，《謝雪紅評傳：落土不凋的雨夜花》，台北：前衛出版社，一九九一年。
陳興唐主編，戚如高、馬振犢編輯，《台灣二二八事件檔案史料》，台北：人間出版社，一九九二年。
彭孟緝，〈台灣省二二八事件回憶錄〉，《二二八事件文獻補錄》，南投：台灣省文獻委員會，一九九一年。
彭明敏，《自由的滋味：彭明敏回憶錄》，台北：前衛，一九九五年。
童清峰，〈二二八死亡人數謎團之爭〉，《亞洲周刊》，香港，二〇〇九年三月二十二日。
黃金島著，潘彥蓉、周維朋整理，《二二八戰士黃金島的一生》，台北：前衛出版社，二〇〇四年。
黃朝琴著，《朝琴回憶錄：台灣政商耆宿黃朝琴》，台北：龍文出版，二〇〇一年。

黃彰健，《二二八事件眞相考證稿》，台北：聯經，二〇〇七年。
黃種祥，《二二八事件眞相辯證》，台北：元華，二〇一八年。
楊亮功、何漢文，〈調查「二二八」事件報告〉，中研院近史所主編，《二二八事件資料選輯（二）》，台北：中研院近史所，一九九二年。
楊逸舟（杏庭）遺稿，張良澤譯，《受難者》，台北：前衛出版社，一九九〇年。
楊逸舟著，張良澤譯，《二二八民變：台灣與蔣介石》，台北：前衛出版社，一九九一年。
廖青揚、楊書育，《論台灣族群與二二八、白色恐怖、眷村訴訟戰》，桃園平鎮，二〇一四年。
劉士永，《光復初期台灣經濟政策的檢討》，台北：稻鄉，二〇〇七年。
劉錦添、蔡偉德，〈光復初期台灣地區的惡性通貨膨脹〉，《經濟論文叢刊》，第十七輯第二期，一八九八年。
歐素瑛編，《台灣省參議會史料彙編：日產篇一》，台北：國史館，二〇〇九年。
潘明，《《二二八事件責任歸屬研究報告》評述》，二〇一八年，自行出版。
蔡丁貴譯，《狗去豬來：二二八前夕美國情報檔案》，台北：前衛出版社，二〇〇九年。
蔡正元，《台灣島史記》，香港：中華書局，二〇一九年。出版中。
蔡正元、張亞中，《台灣史基本讀本》，台北：孫文學校，二〇一八年。
鄧孔昭編，《二二八事件資料集》，台北：稻鄉出版社，一九九一年。
鄧孔昭編，《二二八起義資料集》，廈門大學台灣研究所，一九八一年。

賴澤涵、馬若孟、魏萼著，羅珞珈譯，《悲劇性的開端：台灣二二八事變》，台北：時報文化，一九九三年。

戴國煇、葉芸芸，《愛憎二二八：神話與史實：解構歷史之謎》，台北：遠流出版社，一九九二年。

繆全吉，〈我國官僚體制發展經驗的剖析〉，出自賴澤涵、黃俊傑主編，《光復後台灣地區發展經驗》，台北：中央研究院中山人文社會科學研究所，一九九三年。

薛月順編，《台灣省政府檔案史料彙編：台灣省行政長官公署時期（三）》，台北：國史館，一九九九年。

國史館台灣文獻館，《二二八事件文獻續錄》，國史館台灣文獻館，一九九二年。

羅添斌，〈張炎憲：空有補償，還沒眞正反省〉，《自由時報》，二〇〇六年二月二十日。

蘇芸芸編寫，《證言二二八》，台北：人間出版社，一九九〇年。

蘇新，《憤怒的台灣》，台北：時報出版，一九九三年。